In mir und um mich herum

Klaus Blaser

In mir und um mich herum

Ich-Grenzen dreidimensional visualisieren

2015, erschienen im Synergia Verlag,
Basel, Zürich, Roßdorf
eine Marke der Sentovision GmbH
www.synergia-verlag.ch

Die Originalausgabe erschien 2011 unter dem Titel „In en om mij"
im Verlag „De Driehoek" Rotterdam, Niederlande.
Grafische Gestaltung Abbildung E1: Dennis Riegelsberger, Basel
Grafische Gestaltung Abbildung 7.9: Dragana Blaser

Umschlaggestaltung, Gestaltung und Satz: FontFront.com

Printed in EU
ISBN-13: 978-3-939272-96-0

Vertrieb durch Synergia Auslieferung
www.synergia-auslieferung.de

Bibliografische Information der Deutschen Bibliothek
Die Deutsche Bibliothek verzeichnet diese Publikation in der deutschen Nationalbibliografie; detaillierte bibliografische Daten sind im Internet unter http://dnb.ddb.de abrufbar.

Für Dragana

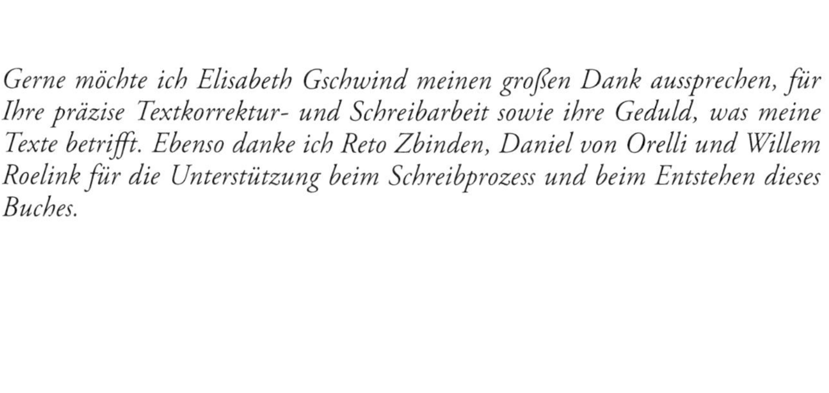

Gerne möchte ich Elisabeth Gschwind meinen großen Dank aussprechen, für Ihre präzise Textkorrektur- und Schreibarbeit sowie ihre Geduld, was meine Texte betrifft. Ebenso danke ich Reto Zbinden, Daniel von Orelli und Willem Roelink für die Unterstützung beim Schreibprozess und beim Entstehen dieses Buches.

Inhaltsverzeichnis

Vorwort

Im Frühling 2003 hatte ich die erste dreidimensionale Darstellung der Ich-Grenze durchgeführt. Es war die Darstellung meiner eigenen Ich-Grenze. Ich hatte mich in den Monaten zuvor immer wieder gefragt, wie ich die psychische Ich-Grenze gut sichtbar machen könnte. Eines Morgens wachte ich mit der Idee auf, ich könnte es doch mit Kapla-Hölzchen versuchen. Ich hatte diese Hölzchen zuvor im Hause einer befreundeten Familie gesehen. In derselben Woche ging ich ins Spielwarengeschäft und kaufte mir eine große Schachtel dieser Hölzchen. Am Samstag darauf kaufte ich das Holz für die Figuren und bemalte sie mit Augen und Haaren. Die auf den Bildern im Buch zu sehenden Figuren stammen aus dieser Zeit.

An einem freien Nachmittag machte ich ganz alleine in meiner Praxis das erste Visualisierungsexperiment. Ich wollte dabei nicht nur wissen, was für ein Bild von meiner eigenen Ich-Grenze entstehen würde, sondern auch wie ich mich während des Darstellens derselben fühlen und was schlussendlich das Bild bei mir auslösen würde. Ich fühlte mich wie ein Forscher, der nach langer Vorbereitung ein präzise geplantes Experiment durchführt und keine Ahnung hat, was dabei herauskommt. Ich war gleichzeitig der Forscher sowie der Forschungsgegenstand. Ich spürte eine Aufgeregtheit, war zugleich aber auch sehr konzentriert, als ich mein inneres Grenzbild achtsam und intuitiv darstellte. Als das Bild fertig war, betrachtete ich es mit großem Staunen. „Sieht so meine Ich-Grenze aus?", fragte ich mich und beantwortete die Frage sogleich mit einem klaren „Ja. So sieht meine Ich-Grenze aus." Diese Gewissheit habe ich erstaunlicherweise gar nicht in Frage gestellt. Diese empfundene Sicherheit war umso bemerkenswerter, da ich mir bis zu diesem Tag noch nie eine bildliche Vorstellung meiner eigenen Ich-Grenze gemacht hatte. Die Klarheit löste eine Freude in mir aus. Es schien, dass das Experiment gelungen war. Mit einfachen Hölzchen und einer Holzfigur lässt sich unser unbewusstes inneres Ich-Grenzbild, die Umfriedung unserer Innenwelt, symbolisch darstellen.

Das nächste Gefühl, das sich unmittelbar danach einstellte, war ein großes Staunen über die Bedeutung dieses Bildes. Ich stellte mir außerdem die Fragen: Kann ich meine Ich-Grenze vielleicht auch umgestalten? Und wie hat es zu einer solchen Ich-Grenze kommen können? Ich habe das Bild damals fotografiert und wenn ich es heute betrachte, kann ich mich noch sehr gut an diese zwei Fragen zurück erinnern. Jetzt sehen meine Ich-Grenze und mein Innenraum anders aus. Beides hat sich seither verändert.

Wie es für die Forschung üblich ist, muss ein Experiment wiederholbar sein und zu den gleichen Ergebnissen führen. So war ich dementsprechend aufgeregt als ich mit der zweiten Person ihre Ich-Grenze mit den Hölzchen visualisierte. Auch die zweite und alle nachfolgenden Personen, welche ihre Ich-Grenze dreidimensional mit den Figuren darstellten, empfanden die entstandene Wiedergabe als stimmige Abbildung ihrer Ich-Grenze. Die Methode wurde zu einem neuen diagnostischen Instrument (nicht im Sinne der ICD 10-Klassifizierung) und entwickelte sich zu einem Therapieverfahren. Jedes Ich-Grenzbild zeigte eine persönliche Geschichte, einen individuellen Kontext und eine eigene Dynamik.

So begann eine Entdeckungsreise in die Welt der mentalen Ich-Grenze. Eine Reise oder auch ein qualitatives Forschungsprojekt, in welchem viele individuelle und zwischenmenschliche Verhaltensmuster erstmals sichtbar wurden und aus dem tiefen Unbewussten ans Licht traten. Es stellte sich bald heraus, dass unsere mentale Ich-Grenze bewusst und gezielt neu gestaltet werden kann. Dies spielt eine wichtige Rolle im therapeutischen Kontext.

Die neu gewonnenen Erkenntnisse schenken uns nicht nur Einsicht in die individuellen und interpersonellen Dynamiken, sondern gehen oft auch mit einem tiefen Berührtsein einher. Häufig zeigt sich, dass durch die Grenzvisualisierung ein oder mehrere Puzzlestücke im Gesamtbild des eigenen Lebens eingefügt werden. Dieses Vervollständigen des eigenen Selbstbildes wird als heilende Neuerung empfunden.

Das dreidimensionale Darstellen der Grenze unserer Innenwelt hilft uns, uns selbst und unsere Beziehung zur Umwelt besser zu verstehen und präziser und achtsamer wahrzunehmen.

Ich hoffe, dass das Buch Sie inspirieren mag – sei es beruflich oder persönlich. Vielleicht kann es zudem einen kleinen Beitrag zu einer eigenen, neuen Grenzgestaltung leisten.

Einführung

Die psychische Grenze bestimmt unser Leben. Sie entscheidet über unser tägliches Wohlbefinden. Sie schützt uns vor ungewünschten Eindringlingen, regelt, was wir aufnehmen, befähigt, filtert und spezifiziert den Austausch von außen nach innen. Gleichzeitig legt sie fest, was wir von uns geben, was von innen nach außen wandert. Unsere psychische Umgrenzung gibt die Größe und Form unseres Innenlebens vor und ermöglicht es uns, uns in diesem Raum frei zu bewegen. Sie schenkt uns eine innere Geborgenheit. Unsere Grenze gestaltet auch unser Äußeres, gibt unserer Erscheinung ein Gesicht. Zudem warnt sie vor äußeren Gefahren und hilft uns zugleich, Ernährung in der Umwelt aufzuspüren. Überdies hinaus hält die Umgrenzung unser Inneres beisammen. Dies sind kurz zusammengefasst die wichtigsten Funktionen unserer psychischen Grenze.

- Wie können wir nun Einsicht erhalten in dieses komplexe Zusammenspiel?

- Wie können wir ein Bewusstsein entwickeln für die eigene Grenze und unser eigenes Grenzverhalten („Boundary based Awareness")?

- Wie können wir unsere Grenze resp. unsere Grenzfunktionen optimieren und an unsere jetzige Lebenssituation bestmöglich anpassen?

- Welchen Einfluss hat unsere jetzige Grenze auf unsere Beziehungen und welche Rolle spielt sie bei unserer gesellschaftlichen Integration?

- Kann eine Grenzumgestaltung zur Änderung von Verhaltensmustern oder sogar zur Heilung von psychischen Störungen beitragen?

Einigen dieser spannenden Fragen werden wir im vorliegenden Buch nachgehen.

Mittels der „dreidimensionalen Grenzvisualisierung" (nachstehend mit 3D-GV abgekürzt), haben wir ein Instrument zur Verfügung, welches uns ermöglicht, unsere Grenze darzustellen. Mit der 3D-GV werden unsere Innenwelt, der Körper, die psychische Grenze und unsere direkte Umwelt zueinander in Beziehung gesetzt.

Mit der 3D-GV steht erstmals eine Methode zur Verfügung, welche uns die Gelegenheit bietet, Einblicke in die Beziehungen zwischen unserem psychischen Innenleben, der dazu gehörenden psychischen Grenze, unserem Körper und unserer Umwelt zu haben. Francisco Varela, der weltberühmte Systemtheoretiker, sagte, dass der menschliche Geist („The mind") im Zusammenspiel zwischen Hirn, Körper und Umwelt zu finden sei. Er machte die gewagte Äußerung: „The mind is not in the head" (28). Mit unserer Darstellung von Körper, Umwelt und psychischem Raum, kommen wir dieser Vorstellung recht nahe.

In dem Moment, wo die unbewusste, innere Vorstellung der Grenze greifbar dargestellt wird, wird ein Bild ersichtlich, welches über die oben erwähnten Grenzfunktionen wichtige Aussagen ermöglicht.

Im vorliegenden Buch werden viele neue Erkenntnisse anhand von zehn anschaulichen Beratungsbeispielen vorgestellt. Die dargestellten Sitzungen befassen sich u. a. mit der Grenzbildung, mit den Folgen der Grenzformung, mit der Grenzdynamik sowie mit der Wiederherstellung einer schützenden psychischen Grenze und wie wir von innen nach innen, von innen nach außen und von außen nach innen schauen (mentalisieren) (14).

Da wir alle Grenzen haben und wir tagtäglich mit unseren und mit fremden Grenzen konfrontiert werden, wird ein jeder von den neuen wegweisenden Einsichten profitieren können. Die dargestellten Beratungsbeispiele zeigen uns unbewusste Grenzvorgänge, veranschaulichen uns bisher unbekannte Beziehungsmechanismen („interpersonal attention management")(8) und schenken uns ein völlig neues Verständnis für zwischenmenschliche Prozesse. Mit den Informationen und den Hilfsmitteln, die Ihnen dieses Buch zur Verfügung stellt, wird eine vielleicht schon lang ersehnte Grenzveränderung möglich. Die Nachträge erläutern die neuen Erkenntnisse aus den einzelnen Sitzungen, verdeutlichen bedeutsame Abläufe und machen bis dahin nicht erkanntes Grenzverhalten klar. Durch die dargelegten Grenzvisualisierungen und den Nachbesprechungen können die entdeckten Gesetzmäßigkeiten in unser eigenes Leben integriert werden.

Wie wir sehen werden, können viele Beziehungskonstellationen und komplexe intra- und zwischenmenschliche Dynamiken auf eine einfache Weise beschrieben werden. Mit dieser Sprache kann die bisher unsichtbare

Ich-Grenze sichtbar und konkret besprechbar gemacht werden. Gerade die Klarheit des Modells macht sie für viele Bereiche zugänglich und anwendbar.

Wahrscheinlich müsste der Ich-Grenze, unserer Membran, eine weitaus größere Bedeutsamkeit zugemessen werden, als sie bisher bekommen hat. Wir alle wissen, dass es anstrengend ist, unsere Grenze zu signalisieren, dass es Kraft und manchmal Überwindung braucht, uns zu wehren und dass der zwischenmenschliche Austausch der Gefühle, Bilder, Erfahrungen und Ansichten nicht immer reibungslos verläuft. Wie viel Energie verwenden wir tatsächlich für die Instandhaltung unserer psychischen Grenze oder deren Wiederaufbau nach einem Einbruch? Können wir bewusst unsere Grenze so gestalten, dass wir zum Schutz und Betreuung unserer Innenwelt weniger Kraft investieren müssen?

Wie bedeutend die Ich-Grenze ist, wird im vorliegenden Buch zu einem wichtigen Teil beantwortet. Dass wir erst am Anfang eines faszinierenden Wissenschaftsbereiches stehen, die „Horizologie" (das Wort „Horizologie" stammt vom griechischen Wort „Horizo" ab, was so viel bedeutet wie *Grenzen bestimmen, trennen* oder *Grenzen festlegen*) macht uns einerseits demütig und andererseits auch neugierig auf Neues.

Wir werden uns jetzt mit der Frage auseinandersetzen, was unsere Ich-Grenze überhaupt abtrennt. Im dargestellten Modell wird das nach außen und innen Abgegrenzte als der psychische Raum definiert. Dieser Raum beinhaltet unsere Gefühls-, Erfahrungs- und Bilderwelt, inklusiv unsere Ansichten oder Glaubenssätze, unsere Aufgabe und die uns zugehörige Verantwortung (siehe Abbildung E1).

Anhand der Gefühlswelt kann dieses Bild am einfachsten erklärt werden. Innerhalb unserer psychischen Grenze befinden sich unsere Gefühle. Angenehm oder unangenehm, flüchtig spürbar oder länger dauernd manifest, vordergründig oder verdeckt, sich aufdrängend oder unterdrückt, bewusst oder unbewusst, alle haben in diesem virtuellen Raum einen Platz. Indem wir eine Grenze haben, können wir unsere Gefühle von Fremdem unterscheiden. Unsere psychische Grenze definiert, was uns zugerechnet werden muss und was nicht. Sie ermöglicht uns zum Beispiel die Herkunft eines Trauergefühls bewusst zu werden. So kann z.B. dieses Trauergefühl, ein Übernommenes sein, oder von jemanden in unseren eigenen inneren Raum deponiert worden sein. Die Grenze bestimmt auch den Austausch der Gefühle. Unsere Grenze widersteht einerseits Gefühlen, andererseits lässt sie sie in beide Richtungen durch. Unsere Membran filtert die Gefühle und dosiert sie.

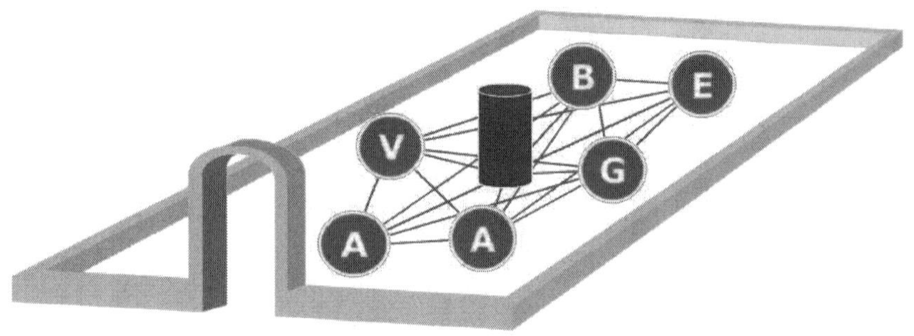

Abbildung E1: Der psychische Raum mit seinen Beziehungsbausteinen.

G = Gefühle, E = Erfahrung, B = Bilder, A = Ansichten, A = Aufgaben, V = Verantwortung, Zylinder = Körper/Leib.

Dazu bestimmt die Grenze die Form des psychischen Raumes und gibt uns ein Erscheinungsbild, dessen wir uns nur selten bewusst sind. Die Grenze kann anziehend oder auch ablehnend sein, offen oder geschlossen, dynamisch oder unbeweglich, kräftig oder zerbrechlich, definiert oder vage, gewünscht oder aufgezwungen, ähnlich oder ganz anders, alt oder kürzlich neu hergestellt. Nur Wenige sind sich im Klaren, dass unsere psychische Grenze eine lebendige, verwandelbare Struktur ist, die sich an neue Umstände, veränderte Umweltbedingungen, junge Beziehungen, andere Kulturen und an einzelne Mitmenschen anpassen kann. Solange unser Umgang mit der eigenen Grenze unbewusst verläuft, finden eventuelle Änderungen meistens als Folge äußerer Faktoren statt. Wir sind dann kaum in der Lage, aktiv Einfluss auf sie zu nehmen. Andere zwingen uns, unsere Grenze ihren Wünschen und Vorstellungen entsprechend in Einklang zu bringen. Manchmal legen zum Beispiel Eltern selbst die Hand an den Zaun des Kindes und ändern die Grenze eigenständig, ohne dass es dem Kind gelingt, dies zu verhindern. Ein anderes Mal wird unsere Grenze durch ein Trauma gewaltsam abgeändert und wir können die anschließenden eigenen Verhaltensänderungen nicht richtig deuten (10). Solange wir kein Grenzbewusstsein entwickeln, schaffen wir es nicht, adäquat auf die traumatische Grenzumformung zu reagieren.

Wenn wir uns im Klaren sind, dass wir unsere psychische Grenze je nach Lebensphase und aktueller Situation selbst gestalten können, öffnen sich für uns neue Welten. Wenn wir unser Grenzgestaltungspotential nützen, können wir uns in schwierigen Umständen von Belastendem und Hemmendem schützen. Sind die Verhältnisse günstig, können wir uns öffnen und Kraftgebendes an- und aufnehmen. Wir können unsere Grenzporen wie einen Filter für unser Wohlsein einsetzen. Ein bewusster flexibler Grenzumgang wird unser Leben reformieren können.

In diesem psychischen Raum können wir uns mit unserer Aufmerksamkeit frei bewegen. Mit unserer Aufmerksamkeit können wir zudem den Innenraum verlassen und uns in den zwischenmenschlichen respektive öffentlichen Raum begeben. Mit dieser Metapher im Hinterkopf können wir die dreidimensionale Grenzvisualisierung mühelos realisieren. Wir sind fähig, unser bis anhin unbewusstes Grenzbild widerzugeben. Im Folgenden werde ich den Ablauf der dreidimensionalen Grenzvisualisierung beschreiben, so dass die anschließend dargelegten Sitzungen gut begreiflich und einfach nachvollziehbar sind.

Wenn wir mit der dreidimensionalen Grenzvisualisierung beginnen, wissen wir, dass die Holzfigur „uns" repräsentiert. Es ist uns klar, dass die Blickrichtung wichtig ist und uns wesentliche Informationen geben kann. In der Abbildung E2 sehen wir die fotografierten Holzfiguren. Die zylinderförmige Figur stellt eine weibliche Person dar, die eckige eine männliche. Das weiße Dreieck an der oberen Seite ermöglicht uns, bei den von oben fotografierten Personen, die Blickrichtung klar zu erkennen.

Wir haben davon Kenntnis, dass wir mit den Kaplahölzchen (siehe www.kapla.com) unsere Abgrenzung darstellen können. Indem wir die Konturen der Grenze bestimmen, legen wir gleichzeitig die Größe und Form des psychischen Raumes fest. Das Verhältnis der Figurgröße und die Höhe des Zaunes sagt etwas aus über den Schwierigkeitsgrad, um die Grenze mit unserer Aufmerksamkeit zu überschreiten. Auch die Abmessung des Raumes in Bezug zur Figurgröße kann vielbedeutend sein.

Abbildung E2

Es gelingt uns allen das innere, unbewusste Bild unserer Grenze sichtbar und dreidimensional greifbar zu machen. Der Hinweis, die Grenze soll intuitiv, ohne groß zu überlegen, achtsam und vom Bauch aus wiedergegeben werden, ermöglicht uns, das unbewusste Bild authentisch darzustellen. Praktisch ohne Ausnahme können wir bejahend auf unser Bauwerk blicken und bestätigen, dass wir unserem inneren Bild eine richtige Form gegeben haben. In den dargelegten Beispielen beginnt ab diesem Moment die gemeinschaftliche Betrachtung. Wie dies vonstatten geht, werden Sie in den nächsten zehn Kapiteln nachlesen können.

Zum Schutz der Mitwirkenden wurden in den dargestellten Beispielen alle Hinweise, die zu einer Wiedererkennung durch Dritte führen könnte, entscheidend abgeändert.

Mittlerweile durfte ich Dutzende von 3D-GV Sitzungen mit Ton und bewegenden Bildern aufnehmen. Die hier beschriebenen Grenzberatungen sind eine eigene Auswahl, die nichts über die Qualität der nicht dargelegten Grenzvisualisierungen aussagt.

In der Literaturangabe werden Werke aufgeführt, welche entweder zitiert werden oder zur Erweiterung und Vertiefung des behandelnden Themas beitragen.

Zum Schluss möchte ich all denjenigen danken, die sich auf die Grenzvisualisierung eingelassen haben. Jede 3D-GV ist eine kleine oder größere Entdeckungsreise in das eigene Innere, wobei im Vornherein nie voraus zu sagen ist, was sich zeigen wird. Dies braucht Mut und Vertrauen und dafür möchte ich allen herzlich danken.

Kapitel I

Die mentale Ich-Grenze bestimmt die Größe der Innenwelt

Petra ist eine 52-jährige Frau, die vor fünf Jahren wegen einer Depression eine Psychotherapie durchgeführt hat. Es ging ihr seit Abschluss der Behandlung recht gut, obwohl sie immer noch bemerkte, dass sie Aufgaben entgegennimmt, die sie eigentlich gar nicht haben möchte.

Am Arbeitsplatz ist sie seit einigen Monaten überfordert und kann sich immer schlechter abgrenzen. In der Beziehung hat sie zunehmend Mühe, Verantwortung nicht zu übernehmen. Die dadurch entstandene Überbelastung führte zu einer psychischen und physischen Erschöpfung. Vor zwei Tagen hat sie ihr Hausarzt vorerst für zwei Wochen krank geschrieben.

Anliegen

Petra möchte lernen, Aufgaben, die ihr andere übertragen wollen, zurückzuweisen und auch, die ihr übertragene Verantwortung abzulehnen. Sie hat aber Mühe, nein zu sagen. Sie weiß nicht, wie und wo sie ihre Grenzen setzen soll.

Petra stellt sich und ihre Grenze auf.

Klaus B.: „Wie geht es Ihnen, wenn Sie Ihr inneres Bild Ihrer Grenzen dreidimensional sehen?" (siehe Abb. 1.1 und 1.2)

Petra : „Ich möchte es gerne anders haben. Die Lücke hinter mir gefällt mir gar nicht. Ich weiß jedoch, dass sie da ist."

Nach einer Weile:

Petra: „Es stört mich auch, dass ich nicht die ganze Oberfläche des Tisches benutzt habe."

Abbildung 1.1

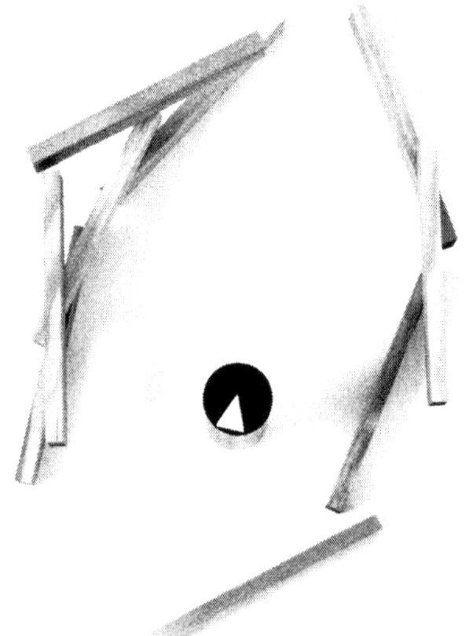

Abbildung 1.2

Klaus B.: „Sie meinen, Ihr psychischer Raum ist klein?"
Petra: „Ja, und am meisten stört mich, dass ich den Raum nicht größer gestaltet habe."
Klaus B.: „Was empfinden Sie, wenn Sie dies jetzt so feststellen?"
Petra: „Ich fühle mich eingeengt und ich empfinde auch zu wenig Wertschätzung. Es kommt mir vor, als ob mein Raum eine kleine Hütte ist, dunkel und schattig. Es wäre so schön, wenn ich einen großen Raum zur Verfügung hätte."
Klaus B.: „Und, wenn Sie sich vorstellen, Sie stehen jetzt in diesem kleinen Raum, wie geht es Ihnen dann?"
Petra: „Es ist beklemmend. Ich verspüre eine Einengung im Brustbereich."
Klaus B.: „Und dass es hinter Ihnen offen ist, was löst das bei Ihnen aus?"
Petra: „Angst, ich nehme einen Druck auf der rechten Seite des Brustbeines wahr."
Klaus B.: „Wenn Sie sich bewegen könnten, spüren Sie einen Bewegungsimpuls?"
Petra: „Am liebsten möchte ich diesen Raum verlassen."
Klaus B.: „Ja, machen Sie dies doch einmal."

Petra bewegt ihre Figur durch die hintere Öffnung und stellt sich wegschauend außerhalb ihres Raumes hin. (siehe Abb. 1.3)

Klaus B.: „Wie ist das?"
Petra: „Auch nicht gut. Ich will meinen Raum nicht anschauen. Es ist, als ob ich jetzt keinen Halt hätte."
Klaus B.: „Sie sagten; Auch nicht gut, hat sich körperlich etwas verändert?"
Petra: „Ich fühle mich sehr unsicher."
Klaus B.: „Wie bemerken Sie dies?"
Petra: „Indem ich jetzt am liebsten aufstehen und weggehen würde."
Klaus B.: „Ich sehe, Sie machen zwei Fäuste."
Petra: „So ist es nicht gut, ich fühle mich abgeschnitten von mir selbst."

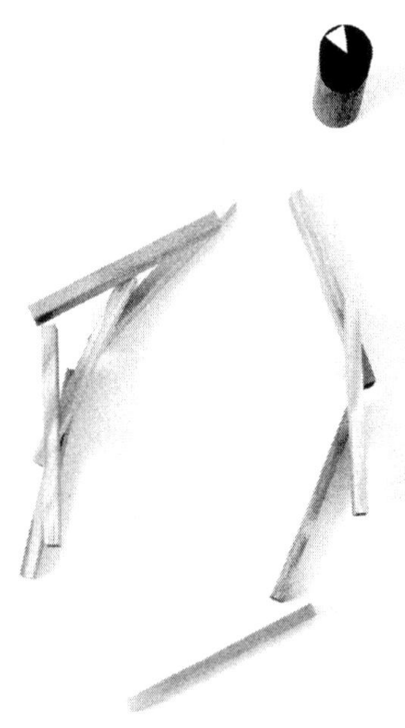

Abbildung 1.3

Klaus B.: „Aufstehen und weggehen, heißt das, Sie möchten noch weitergehen?"

Petra: „Ja, das möchte ich ausprobieren."

Petra nimmt ihre Figur und stellt sie noch weiter von ihrem Raum entfernt hin.

Petra: „Das ist noch schlechter."

Klaus B. dreht Petras Figur so, dass diese auf den eigenen Raum schaut.

Klaus B.: „Wie ist es, wenn Sie von dort hinten auf Ihren Raum blicken?"

Petra: „Jetzt fühle ich mich ganz arm, ich sehe einen kleinen, verdrückten Garten. Von dort draußen weiß ich jetzt genau, was ich alles verbessern könnte."

Klaus B.: „Was würden sie verbessern?"

Petra: „Ich würde im Raum alles aufräumen, ich würde den Zaun ändern, ein schönes Eingangstor bauen, unter diesem stehen und die Menschen willkommen heißen. Ich weiß genau, wie es aussehen soll."

Klaus B.: „Warum haben Sie bisher diese Änderungen nicht vorgenommen?"

Petra: „Im Kopf weiß ich, was zu tun wäre, aber ich kann nicht dementsprechend handeln und das verursacht ein Selbstmitleid bei mir."

Klaus B.: „Also, wenn Sie aus der Distanz auf Ihren Raum schauen, wird Ihnen klar, was Sie ändern sollten oder auch ändern könnten?"

Petra: „Nein, sollte!"

Klaus B.: „Ich mache einmal einen Versuch, ist das für Sie o.k.?"

Petra: „Ja."

Klaus B. stellt Petras Figur wieder in ihren psychischen Raum, so dass sie beide Öffnungen im äußeren Blickfeld hat. (siehe Abb. 1.4)

Petra: „Es flimmert mir jetzt vor den Augen, ich stehe im Durchzug und ich merke, wenn ich in meinem Raum stehe, habe ich keine Kraft, etwas zu ändern."

Klaus B.: „Und was ist mit Ihrem Wissen von vorher, wie Ihr Raum und Ihre Grenze aussehen soll?"

Petra: „Das ist weit weg, ich bin blockiert und handlungsunfähig."

Klaus B.: „Wenn Sie Ihren Raum und Ihre Abgrenzung ändern könnten, würden Sie das von außen oder von innen her machen?"

Petra: „Es ist schwierig, dies alleine zu tun. Es ist ganz diffus. Ich weiß nicht, wie und wo anzufangen."

Klaus B.: „Wer könnte Ihnen helfen?"

Abbildung 1.4

Petra: „Ich hab große Mühe, jemanden um Hilfe zu bitten."
Klaus B.: „Darf ich nochmals etwas versuchen?"
Petra: „Ja."

Klaus B. stellt Petras Figur noch einmal außerhalb ihres Raumes.

Klaus B.: „Und jetzt, was fühlen Sie?"
Petra: „Ja, ich denke, mein Partner Robert könnte mir helfen. Nein, ich glaube, ich muss es selber schaffen, es ist schlussendlich mein Raum."
Klaus B.: „Ja, das ist die Frage, ob er der Richtige ist. Gäbe es noch jemanden?"
Petra: „Ja, vielleicht meine Großmutter väterlicherseits. Das ist ein schönes Gefühl, sie hatte mich sehr gerne."
Klaus B.: „Bevor Sie und Ihre Großmutter Ihren Raum und Ihre Abgrenzungen ändern, schlage ich vor, dass wir noch etwas anderes zusammen anschauen. Ist das für Sie in Ordnung?"
Petra: „Ja."

Klaus B.: „Wie lange sieht Ihr Raum und Ihre Abgrenzung schon so aus, wie sie jetzt dargestellt sind?"

Petra: „Das hat nie anders ausgesehen."

Klaus B.: „Sind Sie so geboren?"

Petra: „Nein, nicht so geboren, so geformt worden. Wahrscheinlich sieht mein Raum so aus, seit ich in die Grundschule ging."

Klaus B.: „Ist da etwas passiert?"

Petra: „Nein, nichts Spezielles. Ich habe eine Schwester, die zwei Jahre jünger ist, sie konnte immer alles besser."

Klaus B.: „Das verstehe ich nicht ganz. Wie beeinflusst das Verhalten Ihrer Schwester, die Größe und Abgrenzung Ihres Raumes?"

Petra: „Ich fühlte mich von ihr immer in den Schatten gestellt. Ja, auch wurde mein Raum kleiner, weil noch mehrere Geschwister nach mir geboren wurden."

Klaus B.: „Was ist in all diesen Jahren mit diesem Ihnen ursprünglich gehörenden, aber jetzt außerhalb Ihrer Grenze liegenden Grundstück passiert?"

Petra: „Das Land ist verwildert. Es hat dort aber auch interessante und schöne Blumen."

Klaus B.: „Und hat jemand diesen Ihnen gehörenden Raum benutzt?"

Petra: „Ich weiß es nicht."

Klaus B. dreht Ihre Figur um, so dass sie nach außen blickt.

Petra: „Ich spüre jetzt eine Angst und gleichzeitig eine Faszination und eine Art Neugier. Es ist, wie wenn es unerreichbar wäre, ein merkwürdiges Gefühl."

Klaus B.: „Vorher, als Sie in eine andere Richtung schauten, haben Sie auch eine Angst wahrgenommen. Ist die jetzige Angst dieselbe?"

Petra: „Nein, sie ist anders. Die jetzige spüre ich mehr in den Beinen, ich spüre ein ‚Kribbeln', es ist wie eine Spannungsangst. Jetzt merke ich, es kommt eine Wut auf, dass man mir etwas weggenommen hat."

Klaus B.: „Darf ich etwas ausprobieren?"

Petra: „Ja."

Klaus B. stellt außerhalb Petras Raum eine weibliche Figur hin, die nach innen schaut. (siehe Abb. 1.5)

Abbildung 1.5

Petra: „Ich spüre eine Erleichterung, weil ich jetzt nicht mehr alleine bin. Plötzlich empfinde ich diese Frau auch als Bedrohung, ich gehe zurück."

Klaus B.: „Wissen Sie, wer die Frau ist?"

Petra: „Das ist meine Mutter."

Klaus B.: „Möchten Sie Ihrer Mutter etwas sagen?"

Petra: „Ja, Mutter, gehe bitte aus meinem ursprünglichen Raum, der gehört mir.
Das macht mich traurig, wenn ich das sage, ich weiß nicht genau, warum. Es war so schwierig, ihr das zu sagen. Ich bin mir nicht sicher, ob Sie jetzt geht, ob ich es ihr überzeugend genug gesagt habe."

Klaus B.: „Möchten Sie es nochmals versuchen?"

Petra: „Mutter, bitte gehe jetzt. Ich habe so lange auf diesen Teil verzichten müssen, jetzt brauche ich ihn, bitte gehe. Sie ist auch traurig."

Klaus B.: „Vielleicht sagt Sie Ihnen, es tue ihr leid, dass sie dies gemacht habe. Sie sei sich dessen nicht bewusst gewesen."

Petra: „Jetzt verlässt sie meinen ursprünglichen Raum."

Klaus B. entfernt die Figur der Mutter von Petras Raum. (siehe Abb. 1.6)

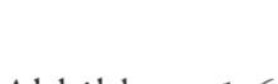

Abbildung 1.6

Petra: „Ich spüre eine große Trauer, und ich habe auch das Gefühl, dass ich meine Mutter nicht wegschicken durfte."

Klaus B.: „Soll ich sie wieder zurückholen?"

Petra: „Nein, auf keinen Fall."

Klaus B.: „Stellen Sie sich vor, dass Ihre Mutter zu Ihnen sagt, es sei in Ordnung, dass Sie das gesagt haben, sie hätte es eigentlich selber merken sollen."

Petra: „Jetzt ist es besser."

Klaus B.: „Gehen wir jetzt zurück zu den gewünschten Änderungen Ihres Raumes. Soll ich Ihre Großmutter mit einer Figur dazu stellen?"

Petra: „Nein, ich kann sie mir auch ohne Figur gut vorstellen."

Klaus B.: „Können Sie sich vorstellen, Ihre Großmutter zu bitten, Ihnen zu helfen, Ihren Raum und Ihre Abgrenzungen neu zu gestalten?"

Petra: „Ja, das kann ich."

Petra ändert sehr konzentriert und achtsam ihren Raum und ihre Grenzen. (siehe Abb. 1.7)

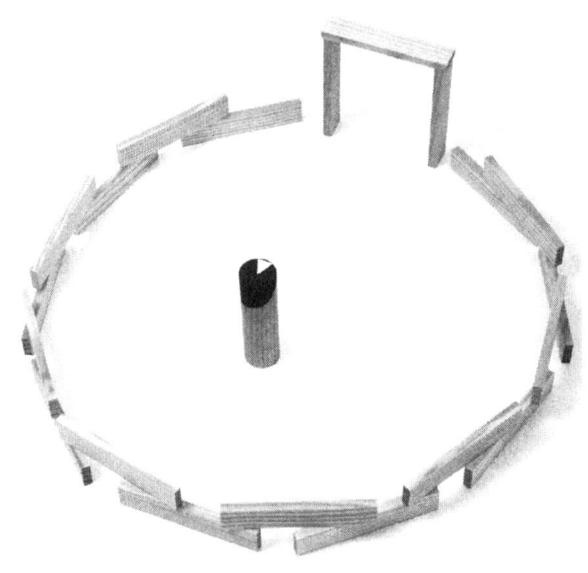

Abbildung 1.7

Petra: „Ich fühle mich jetzt ganz anders als zu Beginn der heutigen Sitzung."

Klaus B.: „Was nehmen Sie körperlich wahr?"

Petra: „Ich fühle mich rundum wohl, glücklich und lebendig. Die Einengung im Brustbereich ist weg. So sollte es sein."

Klaus B.: „Können Sie sich vorstellen, dass Ihr Partner Sie hier besuchen wird?"

Petra: „Auf jeden Fall. Es ist auch gut, dass er mir nicht geholfen hat.
Ich habe eine ganz liebe Großmutter."

Nachtrag Petra

Petra möchte in Bezug auf die 3D-GV wissen, wo ihre Grenzen sind. Als sie ihre 3D-Darstellung ihres inneren Grenzbildes das erste Mal sieht, ist sie über den jetzigen Zustand enttäuscht. Der psychische Raum ist klein, sie empfindet ihn als dunkel und schattig. Sie nimmt dies körperlich wahr und beschreibt eine Beklemmung, eine Einengung im Brustbereich. Am liebsten würde sie ihren psychischen Raum verlassen, den Kontakt zu den eigenen, (in ihrem) Raum existierenden Gefühlen und Erfahrungen abbrechen. Wenn Petra sich im zwischenmenschlichen Raum aufhält, mit Blick vom eigenen Raum abgewandt, fühlt sie sich vom eigenen Selbst abgeschnitten.

Ich begegne immer wieder Menschen, die es im eigenen psychischen Raum nicht aushalten, die ihre eigenen Gefühle, Erfahrungen und Bilder nicht ertragen. Sie bevorzugen es, ihrer Innenwelt den Rücken zuzukehren und ziehen einen Aufenthalt im Außenraum vor. Wenn Petra sich im Außenraum aufhält, mit Blick vom eigenen Raum abgewandt, fühlt sie sich vom eigenen Selbst abgeschnitten.

Petra sieht, wenn sie von außen ihren Raum anschaut, genau was zu tun ist. Sie will mit „Altem“ aufräumen, ihren Raum vergrößern und ein freundliches, einladendes Eingangstor erstellen. Trotz dieser klaren und Sinn gebenden Vorstellung gelingt es ihr nicht, ihren Wunsch eigenhändig zu erfüllen. Zurück in der eigenen Innenwelt, fehlt ihr die Kraft und das Wissen, ihren Raum und ihre Grenze wunschgemäß zu gestalten. Unklar ist, weshalb ihr die Kraft zur Umsetzung fehlt. Es ist, wie wir anhand dieses Beispiels sehen, nicht immer notwendig, diese Frage klären zu müssen.

Petra wird sich im Verlauf der Sitzung bewusst, wie es zu diesem kleinen, dunklen Raum gekommen ist. Es wird ihr klar, dass ihre innere Welt früher einmal größer war. Wenn sie vom Innenraum nach außen blickt und ihrer Mutter in die Augen schaut, spürt sie eine lang vergessene Wut hochkommen. „Warum habt ihr (Mutter und Geschwister) mir einen Teil meiner Innenwelt weggenommen?“ Die Wut gibt ihr die Kraft, jetzt als erwachsene Frau, sich für ihren Raum und ihren Besitz einzusetzen. Es gelingt ihr erstmals, Worte zu sagen, die für sie lebenswichtig sind. „Bitte, Mutter, entferne dich aus meinem Raum, er gehört mir, ich brauche ihn jetzt.“ Die Unterstützung der Großmutter und der Blickrichtungswechsel, von innen nach außen, anstatt von innen nach innen, machte eine so wichtige Kehrtwende möglich. Es ist eindrücklich zu sehen, wie wichtig die Großmutter für Petra ist, wieviel Kraft die Anwesenheit der Großmutter Petra gibt. Obwohl sie schon längst verstorben ist, kann sie bisher Unmögliches möglich machen. Seit 40 Jahren ist es Petra nicht gelungen, ihren ursprünglichen Raum wieder einzunehmen. Jetzt mit Hilfe einer ihrer Ahnen, gelingt es ihr. Wir werden auch noch in weiteren Beispielen sehen, dass die Großmutter ihrer Enkelin nicht hilft, indem sie sich als zusätzlichen Schutz um den Zaun der Enkelin stellt, sondern indem sie hilft, den Schutz der Enkelin zu verbessern. Für Eltern ist dies ein wichtiger Hinweis. Sie können ihre Kinder nicht nur schützen, indem sie sich zwischen das Kind und die Gefahr stellen, sondern, indem sie zusätzlich dem Kind helfen, seinen eigenen Schutz aufzubauen. Wenn wir Petras neuen Raum und Grenzen anschauen, können wir ihr Wohlsein gut nachempfinden. Es ist, als könnten wir besser und tiefer durchatmen und uns bereits auf den ersten Besuch freuen. Die Kraft der Veränderung ist auch für uns, welche nicht direkt betroffen sind, gut spürbar. Petra weiß jetzt, wo ihre Grenzen sind, wie groß ihr psychischer Raum ist und dass sie beim Eingangstor gewünschte oder auch unangekündigte Besucher erwarten kann. Sie kann jetzt durch Schließen oder Öffnen des Tores entscheiden, wer in ihrer Gefühlswelt eintreten darf.

Die 3D-GV zeigt uns auf, wie wir in der Welt stehen. Es ist eine Darstellung unseres unbewussten „zur Welt-Sein". In diesem Bild können wir einen psychischen Raum erkennen, dessen Form und Größe durch die mentale Grenze bestimmt wird und wir können einen Teil der nahe liegenden Umwelt miterleben. Dieser psychische Raum beinhaltet unsere Gefühle, unsere Erfahrungen, unsere Bilder, unsere Ansichten resp. Glaubenssätze, unsere Verantwortung und unsere Aufgaben. Diese Elemente sind alle irgendwie miteinander verbunden und bilden ein subjektives System. Dieses System bestimmt unsere psychische Welt und hat eine Grenze, die diese Welt nach innen und nach außen abgrenzt.

Es ist erstaunlich, wie wir dieses subjektive System als räumlich erfahren können und wir keine Mühe haben, diese raumfüllende Subjektivität mit den Hölzchen darzustellen. Das Ganze scheint für uns so einleuchtend zu sein, dass es keine komplizierten Theorien benötigt, um diese Selbstverständlichkeit zu erlangen. Was passiert in einer 3D-GV eigentlich, warum kann diese Visualisierungsmethode soviel erklären und bewirken?

Die Holzfigur repräsentiert unsere Aufmerksamkeit mit der wir uns in unsere Innenwelt begeben können oder diese auch verlassen können. Wir können zu jedem Zeitpunkt (außer wenn wir schlafen) feststellen, ob wir bei uns sind und ob wir mit unserer Aufmerksamkeit außerhalb oder innerhalb unseres Innenraums aufhalten.

Ich habe unterdessen als Psychotherapeut so viel Übung und Erfahrung, dass ich dies auch bei meinen Mitmenschen wahrnehmen kann. Für dieses Bewusstsein wird keine besondere Ausbildung benötigt, da wir alle fähig sind, bei uns und beim Gegenüber erkennen zu können, wo wir und der andere gerade mit der Aufmerksamkeit verweilen. Dies bedeutet auch, dass wir uns mit unserer Aufmerksamkeit zwischen dem psychischen Raum und seiner Umwelt frei bewegen können. Wir haben gesehen, dass Petra problemlos unterscheiden kann, ob sie im eigenen Raum ist und zur Öffnung blickt (siehe Abb. 1.1), oder ob sie außerhalb ihres Raumes steht. (siehe Abb. 1.3) Sie nimmt diese verschiedenen Standorte ganz selbstverständlich körperlich wahr, empfindet Angst, Beklemmung und Wut. Ihr Körper wird zum Sinnes- und Gefühlsorgan und reagiert auf die Innenraumatmosphäre, auf die anwesenden Gefühle, Erfahrungen und Bilder. Ihr Körper oder vielleicht besser ausgedrückt ihr Leib ist von den anwesenden Gefühlen und Bildern betroffen. Der Körperbegriff ist vielleicht mehr ein von außen wahrgenommenes Objekt, wie z.B. der Chirurg den Körper seines Patienten sieht. Der Leib reagiert auf die Lebenswelt, zeigt Empfindungen und erfährt das Hier und Jetzt.

Blicken wir auf das mit den Hölzchen dargestellten „Ich", dann sehen wir einen Innenraum, eine Grenze, einen Leib (die Figur) und die Umwelt. In der Umwelt gibt es psychische Räume, welche anderen Menschen gehören. Das heißt, die Umwelt besteht aus einem zwischenmenschlichen Raum, sowie aus vielen Innenräumen der Mitmenschen. Im extrapersonellen Raum können wir uns mit unserer Aufmerksamkeit aufhalten und bewegen, und dort können sich auch andere Menschen aufhalten und bewegen. Durch diese Erweiterung kann die 3D-GV zum Situationsbild werden und sie erhält durch unseren Blick und Empfindung eine Richtung. Bei Petra sehen wir, als sie ihren Raum verlässt, wie es für sie einen wesentlichen Unterschied darstellt, ob sie von ihrem Innenraum wegschaut (sie fühlt sich unsicher, hat keinen Halt, fühlt sich von sich abgeschnitten) oder, ob sie ihren Raum von außen her betrachtet (fühlt sich arm, weiß was zu tun ist). Das heißt, ihr Raum gibt ihr in der Welt eine Richtung und eine Orientierung. Zudem geben ihr auch die anderen Personen und ihre Räume ein Richtung. z.B. als Petra ihre Mutter sieht und handlungsfähig wird. Das Immer-irgendwo-Stehen beinhaltet immer auch ein Von-Irgendwo-aus-Sehen. Somit wird die 3D-GV zur Situationsdarstellung. Sie zeigt uns, wie unsere Lebenssituation zur Umwelt steht. Wir können mit dieser Methode, wie wir noch sehen werden, ganz spezifische Situationen in einem auf unsere Grenze bezogenen Rahmen genau anschauen, indem die Figur sich bewegt, den Ort oder auch den Raum wechselt. Sobald sie die Blickrichtung ändert, ändert sich auch die Situation. Wenn andere Personen oder auch andere psychische Räume ins

Blickfeld geraten, wird leibliches Empfinden erfahren. Die bewusst erlebte Situationsräumlichkeit führt zu anregenden neuen Erkenntnissen.

Zum Schluss dieser ersten Betrachtung zeigt sich, wie wichtig die Grenze in unserem Dasein ist. Unsere Grenze ist die Verbindung zur Umwelt, sie bestimmt, wie ich die Außenwelt wahrnehme und gleichzeitig, wie die Außenwelt mich selbst wahrnimmt. Ändere ich meine Grenze, so ändere ich mich, ändere ich meine Grenze, so ändere ich auch meine Umwelt. Wir und unsere Umwelt sind ineinander eingefaltet und entfaltet. Der Versuch, die Grenze eines Mitmenschen ändern zu wollen, ist ein gleichzeitiger oder vielleicht auch vordergründiger Versuch, die zwischenmenschliche Beziehung und die naheliegende Umwelt des anderen ändern zu wollen.

Die Öffnungen in unserer Grenze bestimmen, was von außen zu uns kommt und wie es zu uns kommt. Sie entscheiden auch, wie unser Leib und unsere Gefühle, Bilder und Erfahrungen in die Außenwelt gelangen.

Petra hat mit Hilfe ihrer Großmutter ihre Grenze stark geändert. Ihr neues Tor zur Außenwelt (siehe Abb. 1.7) hat ihr In-der-Welt-Sein reformiert.

Kapitel II

Ich-Grenzen haben eine Geschichte

Laurenz ist 20 Jahre alt und lebt seit kurzem in einer Beziehung mit einer gleichaltrigen Frau. Seit seinem 18. Lebensjahr leidet er unter einer „sozialen Phobie", die sich in Erröten des Gesichtes, starken Schweißausbrüchen, Zittern der Hände und Angst vor der Angst äußert. Vor allem das gemeinsame Essen mit Arbeitskollegen in der Kantine, aber auch ein gemütliches Essen mit seiner Freundin in einem Restaurant, lösen bei ihm starke Ängste aus.

Laurenz wurde, als er sechs Monate alt war, nach einem langen Spitalaufenthalt adoptiert. Seine leiblichen Eltern hat er bisher nicht kennengelernt.

Anliegen

Laurenz wünscht sich, dass er relativ harmlose Reize aus seiner Umwelt nicht mehr so schnell als bedrohlich empfindet und dass die damit verbundenen unangenehmen Körperreaktionen nicht mehr auftreten.

Laurenz stellt sein inneres Grenzbild auf. (siehe Abb. 2.1)

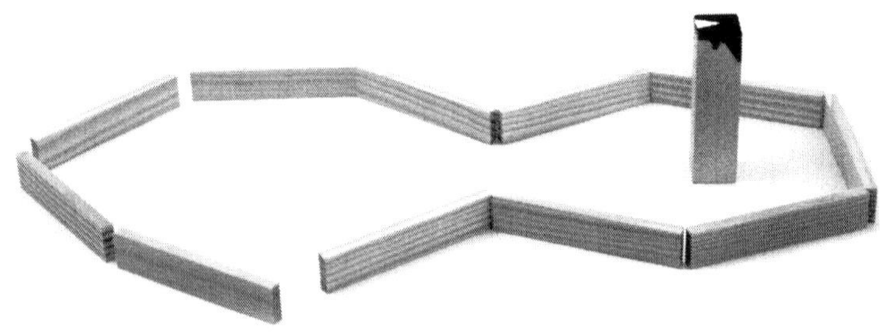

Abbildung 2.1

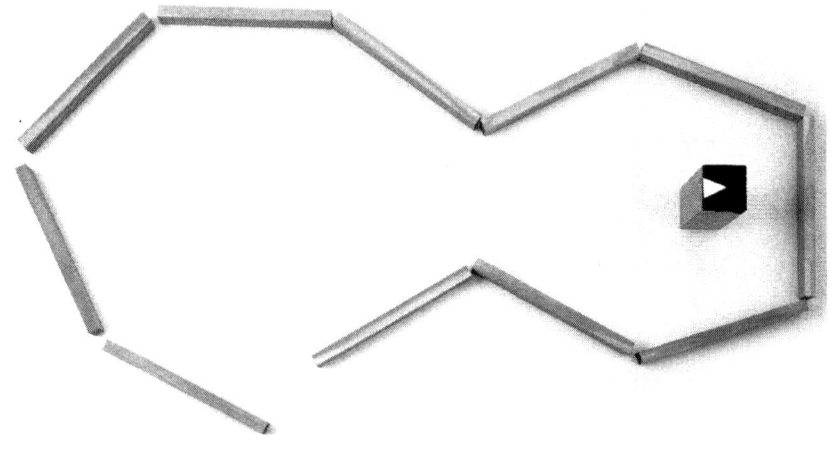

Abbildung 2.2

Klaus B.: „Was löst das dargestellte Bild Ihres psychischen Raumes bei Ihnen aus, wenn Sie dies jetzt so vor sich sehen?“ (siehe Abb. 2.1 und 2.2)

Laurenz: „Auf der einen Seite fühle ich im kleineren Bereich dieses Raumes eine Sicherheit, im größeren Teil dagegen Ungewissheit und Durchlässigkeit. Die größere, undichte Stelle links kann ich von meinem jetzigen Standort aus aber nicht sehen.“

Klaus B.: „Wie geht es Ihnen an dem Ort, wo Sie jetzt stehen?“

Laurenz: „Es geht mir gut in meiner gewohnten Umgebung, es ist ein Gefühl von Zuhause-Sein.“

Klaus B.: „Wie ist es, wenn Sie im großen Raum stehen?“

Die Figur von Laurenz steht jetzt im größeren Bereich des Raumes. (siehe Abb. 2.3)

Laurenz: „Zu wissen, dass hinter mir dieser kleine Raum existiert, gibt mir Sicherheit. Der neue Ort ist spannend.“

Klaus B.: „Und wenn Sie diese undichte Stelle anschauen?“

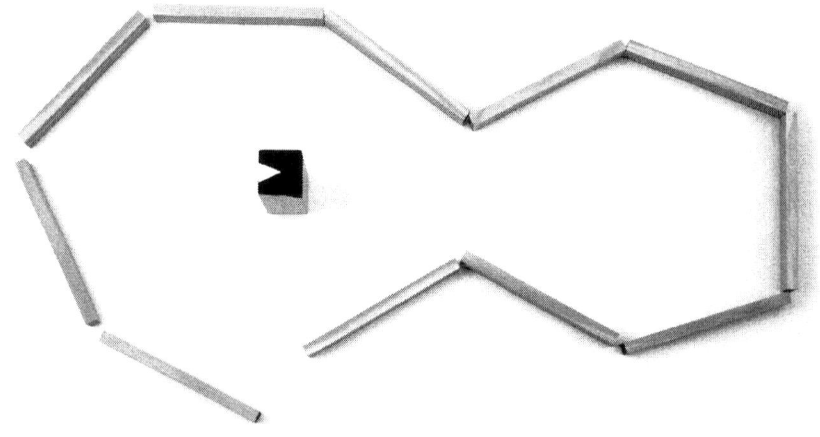

Abbildung 2.3

Laurenz: „Jetzt entsteht ein Wunsch nach Rückzug, ich würde gerne ein paar Schritte rückwärts gehen. Durch die Öffnung kommt etwas in meinen Raum, es ist wie ein Wasserfall. Die anderen kleinen Öffnungen sind im Gegensatz dazu kontrollierbar, dort tröpfelt es nur ein wenig hinein. Da schaue ich auch gerne hinaus, die kleinen Öffnungen machen mich neugierig auf die Außenwelt."

Klaus B.: „Bewegen Sie einmal Ihre Figur näher zu einer dieser kleinen Öffnungen, wie fühlt sich dies an?"

Laurenz: „Ich werde neugierig, bekomme Lust auf neue Entdeckungen."

Klaus B.: „Möchten Sie jetzt hinausgehen?"

Laurenz: „Ja."

Klaus B.: „Dann machen Sie das einmal."

Laurenz nimmt seine Figur und stellt sie außerhalb seines Raumes. (siehe Abb. 2.4)

Klaus B.: „Wie geht es Ihnen jetzt da draußen?"

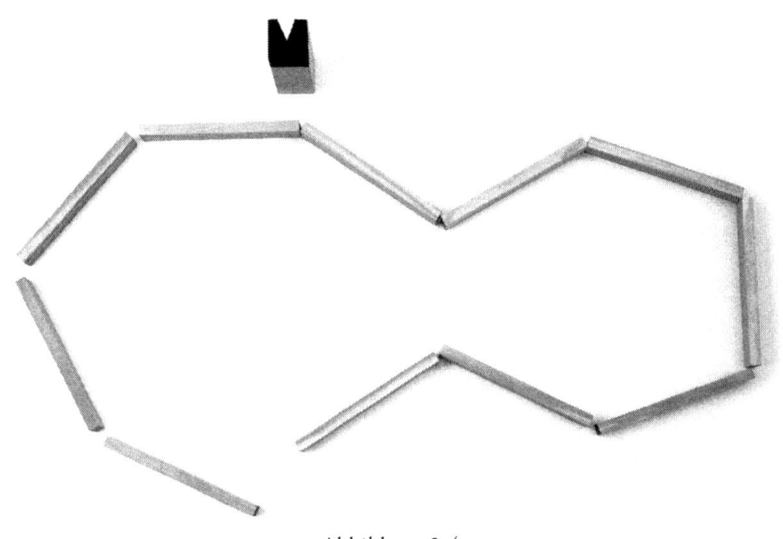

Abbildung 2.4

Laurenz: „Gut, ich spüre jetzt eine Sicherheit hinter mir."

Klaus B.: „Die Sicherheit, jederzeit in Ihren inneren Raum zurückkehren zu können?"

Laurenz: „Ja, genau."

Klaus B.: „Spüren Sie einen Bewegungsimpuls?"

Laurenz: „Ja, ich habe Lust, mich um 360° umzuschauen."

Klaus B.: „Wie ist es, wenn Sie von außen Ihren eigenen Raum anschauen?"

Laurenz: „Ich finde es irgendwie lustig, ich muss grinsen, ich weiß gar nicht, warum. Es macht Spaß, meinen Raum so zu sehen. Wenn ich mich nochmals 180° drehe, empfinde ich eine Aufbruchstimmung. Ein Gefühl, wie in die weite Welt hinaus gehen zu wollen."

Laurenz setzt seine Figur wieder in seinen Raum, in den Bereich, wo dieser enger ist. (siehe Abb. 2.5)

Laurenz: „Hier fühle ich mich am wohlsten, hinter mir die Sicherheit und vorne den Kontakt zur Außenwelt."

Klaus B.: „Was glauben Sie – sah Ihr Innenraum schon immer so aus?"

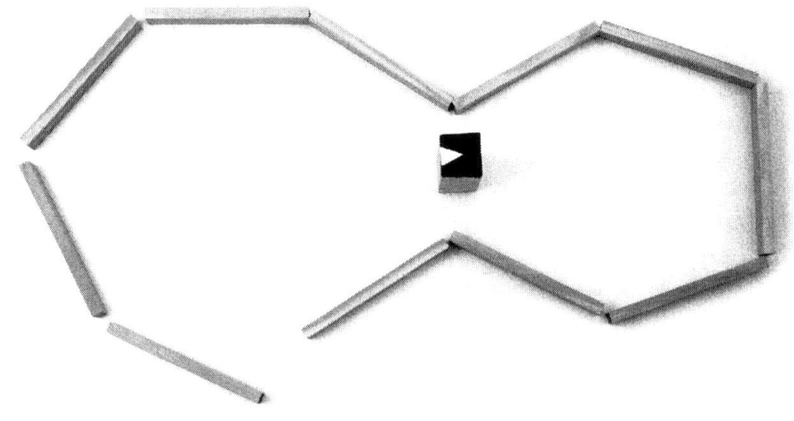

Abbildung 2.5

Laurenz: „Ich glaube, er war früher nicht unterteilt. In der Kindheit war es ein großer Kreis."

Laurenz gibt mit der Hand die Größe des Kreises an. (siehe Abb. 2.6)

Klaus B.: „Was passierte mit dem Ihnen zugehörigen Teil?"
Laurenz: „Es hat irgendwie eine Komprimierung stattgefunden. Vielleicht hatte ich das Gefühl, ich würde die Übersicht oder die Kontrolle verlieren. Ich versuchte wahrscheinlich, den für mich wichtigen Dingen einen sicheren Platz zu geben. Ich schaffte irgendwie Ordnung."
Klaus B.: „Wann haben Sie dies gemacht, wie alt waren Sie da?"
Laurenz: „Wahrscheinlich in der Pubertät, vorher war es unbeschwerter. Möglicherweise hat die große, durchlässige Stelle dazu geführt, dass ich einen separaten, sicheren Raum schaffen musste."
Klaus B.: „Wie ist diese große, durchlässige Stelle zustande gekommen?"
Laurenz: „Ich denke, es hat mit den ersten sechs Lebensmonaten zu tun, es hat mit meiner Adoption zu tun."
Klaus B.: „Also, diese Stelle ist von Kräften außerhalb Ihres Raumes bedingt und die Zweiteilung des Raumes haben Sie selbst gestaltet?"

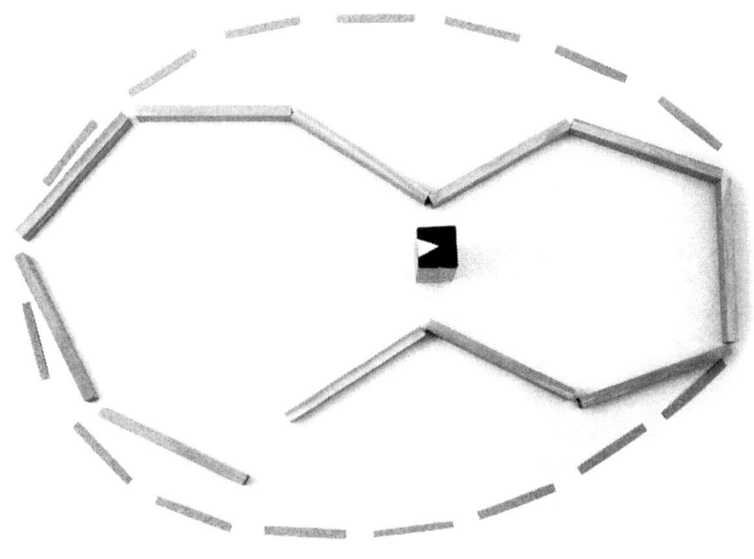

Abbildung 2.6

Laurenz: „Ja."
Klaus B.: „Warum haben Sie die große durchlässige Stelle nicht einfach geschlossen, anstatt den Kreis zu verkleinern?"
Laurenz: „Dazu hätte ich mich irgendwo anders öffnen müssen. Das kann ich erst seit der Therapie, seit ich meiner leiblichen Mutter einen sichtbaren Platz gegeben habe. Bis zu diesem Zeitpunkt habe ich sie gar nicht wahrgenommen, sie war ausgeblendet.
Jetzt wo ich meine leibliche Mutter sehe, eine Verbindungstür habe, kann ich mich im Bereich der Einengung öffnen."

Laurenz ändert das Bild. (siehe Abb. 2.7)

Laurenz: „Das ist viel besser so."
Klaus B.: „Darf ich eine weibliche Holzfigur in ihren Raum stellen?"
Laurenz: „Ja."

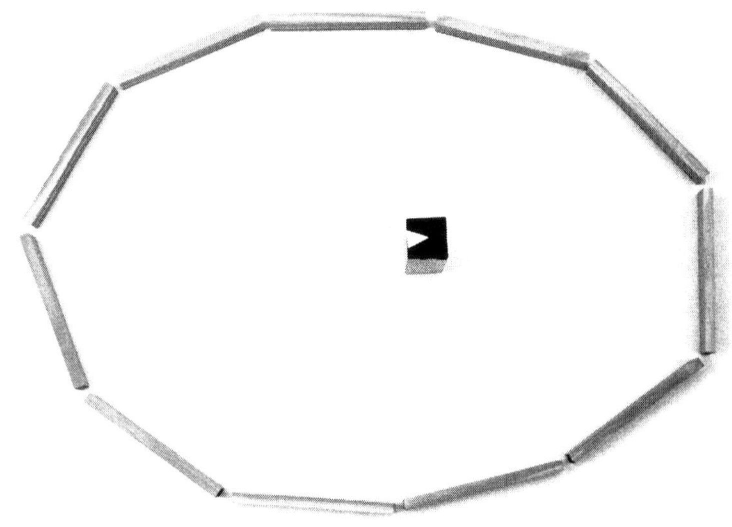

Abbildung 2.7

Klaus B.: „Wie ist das, wenn eine Frau, ohne zu fragen, über Ihre Grenze steigt?“

Laurenz: „Ja, ich spüre sofort meine Symptome.“

Klaus B.: „Was spüren Sie?“

Laurenz: „Eine Wärme, eine Hitze im Körper, die aufsteigt, mein Gesicht erröten lässt und der Atem wird flach.“

Klaus B.: „Wenn ich dasselbe mache mit einer männlichen Figur, wie wäre das?“

Laurenz: „Anders, nicht so bedrohlich. Eher als käme ein Freund vorbei.“

Klaus B.: „Was würden Sie der Frau jetzt sagen, wenn sie in Ihrem Raum ist?“

Laurenz: „Ich würde sie fragen, was sie in meinem Raum macht, warum sie hier ist. Wenn sie keinen Grund hat, soll sie doch bitte wieder gehen. Wenn sie einen guten Grund hat, darf sie ohne Erlaubnis meine Grenze überschreiten. Wenn ich dies jetzt so sage, muss ich gleichzeitig den Kopf schütteln. Ja, so hätte ich dies bisher gesagt.“

Klaus B.: „Also, Sie reagieren erst nach der Grenzüberschreitung?“

Laurenz: „Es ist mir schon oft gesagt worden, dass ich wie ein offenes Buch sei. Ich sehe jetzt, dass meine Grenze sehr leicht zu überschreiten ist. Wahrscheinlich ist die Frau neugierig und möchte gerne wissen, wie es in meinem Inneren aussieht."

Klaus B.: „Wie würden Sie reagieren, wenn sie sagt ‚Ich bin neugierig, ich möchte gerne wissen, wie es bei dir aussieht, darf ich bitte reinkommen?'"

Laurenz: „Ich würde sie herein kommen lassen. Vielleicht müsste sie kurz einen Moment warten. Ich möchte vorher in meinem Raum noch ein bisschen Ordnung schaffen."

Klaus B.: „Wenn die Frau jetzt hereinkommt und beim Verlassen des Raumes ein Gefühl oder ein Bild mitnimmt, wie wäre das für Sie? Was würde das auslösen?"

Laurenz: „Nicht so viel, auch weil ich weiß, dass es nichts Wichtiges ist. Ich würde abwägen, wie bedeutend das Weggenommene für mich ist. Wenn es wichtig genug für mich ist, würde ich an meine Grenze gehen und sie bitten, es mir zurückzugeben. Wenn sie dies nicht tut, würde ich meinen Raum verlassen und es zurückholen. Dies mache ich aber nicht gerne, denn da gehe ich ein gewisses Risiko ein."

Klaus B.: „Was für ein Risiko?"

Laurenz: „Ich könnte meinen persönlichen Raum unterdessen verlieren. Diese Person, die schon etwas gegen mich vollzogen hat, könnte unerlaubt in meinen Raum gehen und könnte mich sogar daran hindern, in meinen eigenen Raum zurückzukehren."

Klaus B. dreht Laurenz Figur um. Laurenz schaut jetzt von außen auf seinen Raum und sieht die Frau in seinem Raum stehen. Klaus B. führt die Frau zur Grenze, um Laurenz davon abzuhalten, in seinen eigenen Raum zurückzukehren. (siehe Abb. 2.8)

Klaus B.: „Kennen Sie dieses Gefühl?"

Laurenz: „Ja, das kenne ich sehr gut. Das berührt mich sehr."

Laurenz hat Tränen in den Augen.

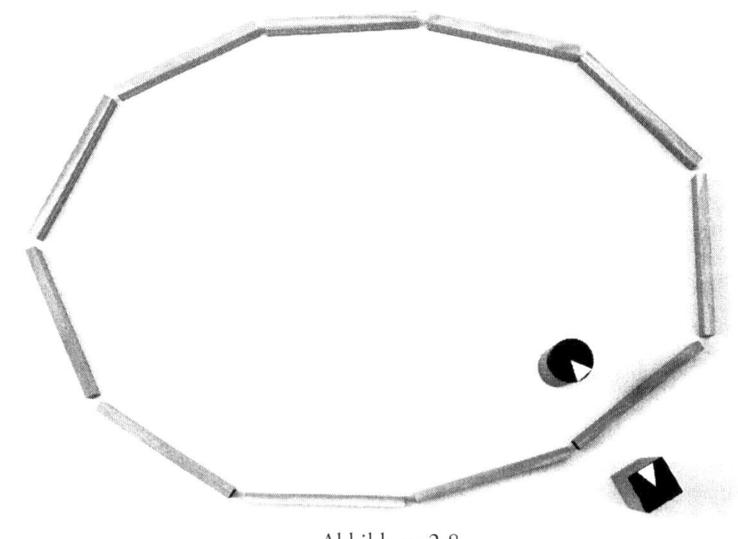

Abbildung 2.8

Nach einer Weile:

Klaus B.: „Wie kommen Sie zurück in Ihren Raum?"
Laurenz: „Ich kann das nicht, ich würde resignieren und mich abwenden. Gerne würde ich einen neuen eigenen Raum eröffnen."
Klaus B.: „Wer könnte Ihnen helfen, dass sie wieder in ihren eigenen Raum zurückkehren könnten und die Frau Ihren Raum verlassen würde?"

Laurenz denkt lange nach.

Laurenz: „Ich weiß es nicht."
Klaus B.: „Soll ich einen Vorschlag machen? Spüren Sie, ob dies richtig ist."
Laurenz: „Ja, helfen sie mir."

Klaus B. nimmt eine männliche Figur und stellt sie hinter Laurenz Figur, beide schauen auf die Frau.

Klaus B.: „Das ist ihr leiblicher Vater."
Laurenz ist sehr gerührt.

Laurenz: „Das ist gut so. So könnte ich es machen. Ich habe noch nie daran gedacht, dass mein leiblicher Vater mir helfen könnte."

Klaus B. nimmt die Vaterfigur und die Figur von Laurenz und stellt sie in seinen Raum, gegenüber der Frau.

Laurenz: „Jetzt geht die Frau."
Klaus B.: „Wie ist das, wenn ihr leiblicher Vater in Ihrem Raum steht?"
Laurenz: „Angenehm, irgendwie ein vertrautes Gefühl. Ich glaube, die Frau ist meine Mutter."
Klaus B.: „Wie ist das für Sie, wenn Sie sich vorstellen, dass Ihre Mutter von außen zu Ihnen sagt: „Es tut mir leid, dass ich dies gemacht habe"."
Laurenz: „Das akzeptiere ich sofort."
Klaus B.: „Und Ihr Vater sagt Ihnen: „Es tut mir leid, dass ich dir nicht schon früher geholfen habe"."
Laurenz: „Das kommt mir sehr nahe, das ist sehr schön."

Beide schweigen.
Nach einer Weile:

Klaus B.: „Bis jetzt haben wir noch nicht darüber gesprochen, es ist klar, dass Ihre Grenze nicht hoch genug ist. Zwei Latten höher wäre wahrscheinlich besser. Was meinen Sie dazu?"
Laurenz: „Ja, das stimmt. Das wäre besser."
Klaus B.: „Stellen Sie sich vor, dass Ihr Vater Ihnen sagt: ‚Jetzt, wo ich da bin, helfe ich dir deine Grenze zu erhöhen, damit du besser geschützt bist.'"
Laurenz: „Obwohl ich ein Mensch bin, der die Dinge gerne selbst macht, selbst etwas aufbauen will, nehme ich seine Hilfe gerne an."
Klaus B.: „Ich schlage vor, dass Sie die Erhöhung jetzt selbst durchführen, zusammen mit Ihrem Vater."

Laurenz baut behutsam und konzentriert eine zweite Reihe auf die erste seines Zaunes.

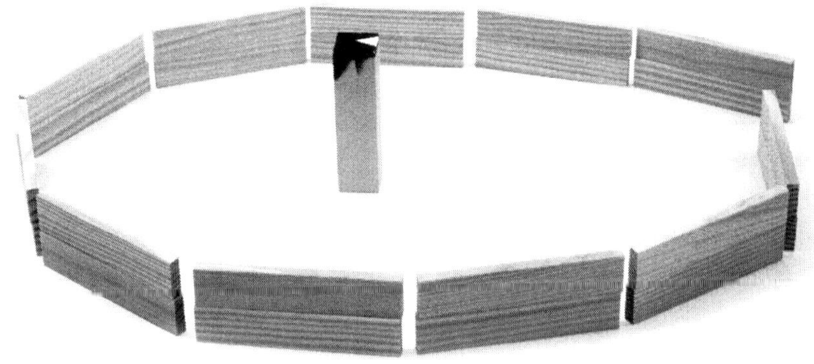

Abbildung 2.9

Klaus B.: „Ich schlage Ihnen vor, auch eine Tür, einen Ein- oder Ausgang zu bauen.“ (siehe Abb. 2.9)

Als Laurenz seine Erhöhung fertiggestellt hat:

Klaus B.: „Wie ist das?“
Laurenz: „Beruhigend, von Seiten meines Gefühles ist die Grenze drei bis vier Mal höher. Es ist ein sehr gutes Gefühl.“
Klaus B.: „Stellen Sie sich vor, dass Ihr Vater zu Ihnen sagt: ‚Wenn du willst, dann gehe ich jetzt, du kannst mich zu jeder Zeit rufen und ich werde wieder kommen.‘“
Laurenz: „Ja, das ist schön zu wissen.“
Klaus B.: „Sollen wir es hierbei belassen?“
Laurenz: „Ja.“
Klaus B.: „Möchten Sie noch etwas sagen?“
Laurenz: „Ja, ich spüre eine große Freude in mir.“

Nachtrag Laurenz

Gerne möchte ich anhand von Laurenz 3D-GV weitere faszinierende Aspekte unserer Grenze und Mentalisierungsfähigkeit aufzeigen.

Im Anfangsbild sehen wir im linken Bereich drei kleine Öffnungen und unten einen größeren Durchgang. (siehe Abb. 2.1 und 2.2) Bedeutungsvoll ist, wie eine Öffnung in der Grenze unser inneres Befinden beeinflussen kann und wie Verbindungskanäle zur Außenwelt unser Verhalten im Innenraum lenken können. Die erwähnte große Öffnung hat eine bedrohliche Wirkung auf Laurenz. Der „Wasserfall", welcher dort eintreten könnte, hat etwas Unkontrollierbares, Bedrohliches. Große Öffnungen verlieren ihre Filterfähigkeit und machen ein unerwünschtes Hereinfließen unabwendbar. Laurenz war bis vor kurzem nicht imstande, diese Öffnung zu schließen. Dafür hat er den Raum so gestaltet und seinen Standort so gewählt, dass er diese Bedrohung einfach nicht mehr wahrnehmen musste. Dieses Ausklammern hat ihn nicht vor unerwünschten Einflüssen schützen können. Laurenz 3D-GV veranschaulicht, wie kreativ wir Bewältigungsstrategien entwickeln können, auch wenn sie nicht unbedingt hundert Prozent wirkungsvoll sind.

Beeindruckend ist, dass Laurenz die Entstehung dieser großen Öffnung nach 20 Jahren noch zeitlich und situativ zuordnen kann. Obwohl ein sechs Monate altes Baby in unserem bisherigen Verständnis kaum bewusste Erinnerungen besitzt, gelingt es ihm, mit einer glaubwürdigen Sicherheit die Entstehung dieser Grenzlücke zu rekonstruieren. Das heißt, er bringt es fertig, seine Grenze bildlich darzustellen, die Entstehung der Öffnung im passenden Zeitraum einzuordnen und auch die Geschichte dieses Grenzteiles (warum er sie bisher nicht verbessert hat und wie er damit in all den Jahren umgegangen ist) uns mitzuteilen. Laurenz besitzt, wie wir alle wahrscheinlich auch, ein großes und genaues Wissen über seine psychische Grenze.

Die drei kleinen Öffnungen links empfindet er als kontrollierbar, da tröpfelt es ja nur ein bisschen hinein. Faszinierend ist, dass die kleinen Durchgänge ihn neugierig auf die Außenwelt machen. Die kleinen Ausblicke haben eine anziehende Wirkung, die so stark ist, dass er neugierig wird auf den Raum außerhalb von ihm und bereit ist, sein Territorium zu verlassen.

Während der Sitzung verspürt Laurenz eine aufsteigende Wärme und Hitze im Körper, ein Erröten im Gesicht und eine flacher werdende Atmung. Diese Symptome wurden bis anhin unter der Diagnose „Soziale Phobie" eingeordnet und zeigen sich während der 3D-GV als eine eindeutige Reaktion auf eine unerlaubte Grenzüberschreitung durch eine Frau. Laurenz beschreibt uns präzise, wie er auf unerlaubte Grenzüberschreitungen körperlich reagiert. Viele unserer Körperreaktionen sind Antworten auf Situationen, die sich nahe an unserer Grenze oder in unserem psychischen Raum abspielen. Schulung der Körperwahrnehmung und Einsicht in die Grenzdynamik können uns helfen, zwischenmenschliche Konstellationen besser zu verstehen. Dadurch lernen wir adäquat, uns auf ähnliche Umstände einzustellen. Konstruktive Änderungen unserer Abgrenzung können uns den Umgang mit bisher schwierigen Situationen erheblich erleichtern. Einige Wochen nach der 3D-GV war Laurenz' soziale Phobie verschwunden.

In diesem Sitzungsverlauf sehen wir, wie wichtige Personen aus der Familie uns helfen können, eine früher geglaubte, unerreichbare Geborgenheit und Sicherheit zu erzielen. Laurenz unbekannter und abwesender, leibliche Vater kann ihm jetzt die Kraft geben, eine widerstandsfähige Grenze aufzubauen. Anschließend werden wir diesen Aspekt noch genauer anschauen.

In Laurenz' Anfangsbild kann jedermann drei kleine und eine große Öffnung in seiner Grenze sehen sowie zwei Räume feststellen. Wir können auch einfach erkennen, dass Laurenz' Grenze nicht hoch genug ist, um ihm einen adäquaten Schutz zu bieten. Zu jedem Zeitpunkt können wir uns mit erstaunlicher Leichtigkeit vorstellen, wie es Laurenz in seinem psychischen Raum geht. Laurenz kann problemlos die Frage beantworten: „Wie ist es, wenn Sie in Ihrem großen Raum stehen?" Er fühlt sofort eine Sicherheit und eine neugierige Spannung. Beachtenswert ist, dass wir in diesem Einfühlungsmoment direkt mit unserem Körper in Kontakt treten. Die körperlichen Veränderungen werden durch das Bild oder eine Veränderung des Bildes und die Vorstellung, wie die repräsentierende Figur die dargestellte Situation empfindet, ausgelöst. Eindrücklich ist, wie Laurenz genau seine sozialen Phobie-Symptome erfährt, wenn eine weibliche Figur in seinen Raum eintritt.

Mit dem Einführen von zusätzlichen mit Figuren dargestellten Personen, wie der erwähnten Frauenfigur oder seinen leiblichen Eltern, ergänzen wir Laurenz' Umgebung mit menschlichen Wesen. Obwohl es klar ist, dass diese Personen irgendwo in unserer Umwelt existieren, gewinnen sie erst an Bedeutung, wenn sie in unmittelbarer Nähe des Innenraums in Erscheinung treten. Sowohl in Bezug auf die Entstehung seiner Grenze, wie auch auf die

Ressourcen für die heilende Wiederherstellung, spielen Laurenz Eltern eine bedeutsame Rolle. Das Introduzieren von Personen – manchmal abstrakte Unbekannte, manchmal Eltern, Großeltern oder Partner – kann uns helfen, unbewusste Beziehungsmuster aufzudecken. Indem diese erkannt werden, können wir neue Beziehungsformen und neues zwischenmenschliches Verhalten ausprobieren.

Hier sehen wir, wie wir die Vergangenheit, die Gegenwart und die Zukunft heilsam miteinander verbinden können. Im gleichen Bild sprechen wir über die Vergangenheit, z. B. wie es zu dieser großen Öffnung in Laurenz' Grenze gekommen ist, wir sprechen sein jetziges Körperempfinden an und wir bieten ihm Lösungen für die Zukunft an. Wie wir ebenfalls bei Petra gesehen haben (siehe Kapitel 1), können zur Wiederherstellung der Grenze auch verstorbene Großeltern hinzugezogen werden, die als „Kraftperson" Unterstützung geben. Damit berühren wir mit der Zeitlosigkeit das Einführen von imaginären, heilenden Kräften und das In-die-Gegenwart-Bringen von verstorbenen Ahnen, ein schamanisches Wissensgebiet. Obwohl diese alte Heilmethode für viele ein Tabuthema ist, erleben die meisten von uns die verstorbenen Vorfahren als unterstützend. Oft sind es unsere Großeltern, die uns helfen können, unsere Grenze wieder schützend herzustellen.

Kapitel III

Ich-Grenzen bestimmen die Achtsamkeitsfähigkeit

Sieglinde ist eine 35-jährige Frau, die seit fünf Jahren mit ihrem gleichaltrigen Partner zusammenlebt. Sie leidet unter depressiven Symptomen wie Schlafstörungen, Magen-Darmbeschwerden und Ängsten.

Seit einigen Wochen wird sie am Arbeitsplatz von ihrem Chef schikaniert und erhält befremdende Aufgaben und Anweisungen. Die Mobbingsituation eskalierte, so dass Sieglinde ihre Stelle kündigen musste.

Zudem ist die Beziehung zu ihrer bestimmenden Mutter ein immerwiederkehrendes Thema. Auch die Frage, wie Sieglinde die Verantwortung für ihr eigenes Leben übernehmen kann, ist ein zunehmend wichtiges Anliegen.

Anliegen

Sieglinde wünscht sich, dass sie sich von den Sorgen und Qualen ihrer Mutter nicht mehr herunterziehen lässt. Sie fühlt sich in ihrem Umfeld eingeengt und hätte gerne mehr Raum für sich zur Verfügung.

Sieglinde stellt ihre mentale Ich-Grenze mit den Hölzchen auf.

Sieglinde: „Für mich ist es schwierig zu merken, ob ich dieses Bild mit dem Kopf oder mit dem Bauch gemacht habe." (siehe Abb. 3.1)

Klaus B.: „Worin zeigt sich das?"

Sieglinde: „Ich habe ein Bild in meinem Kopf, welches mir sagt, dass meine Grenze etwas Durchlässiges hat, dass sie löchrig ist."

Klaus B.: „Und dieses Bild, welches Sie im Kopf haben, haben Sie jetzt hier mit den Hölzchen dargestellt?"

Sieglinde: „Die Form, wie sie jetzt sichtbar ist, kommt vom Bauch. Ich denke, dass ich den Raum mehr schließen möchte, dies aber nicht dem jetzigen Zustand entsprechen würde. Auch war mir beim Bauen wichtig, dass ich nach vorne hinausschauen kann, also ganz zugebaut hätte ich den Raum nicht. Ich fühle mich, was die Größe betrifft, unsicher."

Abbildung 3.1

Klaus B.: „Wie groß ist Ihr Raum zu der Relation zu der Holzfigur?"
Sieglinde: „Ziemlich klein."
Klaus B.: „Wie erfahren Sie die Höhe im Bereich links und hinter Ihnen?"
Sieglinde: „Das ist wie ein Schutz."
Klaus B.: „Und wie empfinden Sie den anderen Bereich Ihrer Abgrenzung?"
Sieglinde: „Offen, irgendwie noch unklar, was außen und was innen ist?"
Klaus B.: „Wie geht es Ihnen in Ihrem Raum? Oder: Wie geht es einer Frau, die einen solchen Innenraum hat?"
Sieglinde: „Unsicher oder eher unruhig."
Klaus B.: „Unruhig?"
Sieglinde: „Weil von vorne vieles hereinkommen kann und weil viel Bewegung von außen nach innen und umgekehrt möglich ist."
Klaus B.: „Wie ist es, wenn Sie vorne in Ihrem Raum stehen?"

Klaus B. bewegt Sieglindes Figur an die vordere Grenze.

Sieglinde: „Dort habe ich die Situation besser unter Kontrolle. Von außen sieht man mich auch besser."
Klaus B.: „Wenn Sie dort stehen, spüren Sie einen Bewegungswunsch?"

Sieglinde: „Am liebsten möchte ich nach draußen gehen."
Klaus B.: „Dann machen Sie das doch einmal."

Sieglinde nimmt ihre Figur über ihre Grenze und stellt sie mit Blickrichtung weg von ihren Raum vor ihr Territorium.

Sieglinde: „Da ist viel mehr Platz. Ich spüre jetzt eine Bedrücktheit. Ich finde es schwierig dort. Es macht mich traurig, mir bewusst zu sein, dass ich meinen Raum verlassen will."
Klaus B.: „Warum wollen Sie nach draußen?"
Sieglinde: „Weil ich das Gefühl habe, dass die Grenze mich einengt."
Klaus B.: „Sie schauen jetzt in die Ferne. Sollen wir Ihre Figur mal umdrehen?"
Sieglinde: „Ja."

Sieglinde dreht ihre Figur um.

Klaus B.: „Wie ist es jetzt, wenn Sie von außen Ihren Raum und Ihre Abgrenzungen sehen?"
Sieglinde: „Der Raum ist leer. Ich habe nicht das Gefühl, dass ich in meinen Raum zurück will. Ich bin nicht ich selbst, nicht bei mir. Ich bin auf irgendeine Art und Weise ganz im Kopf, bin abgelenkt."
Klaus B.: „Wenn Ihnen das jetzt bewusst ist, spüren Sie eine Bewegung?"
Sieglinde: „Für mich ist es wichtig, dass ich mich mit meinem Raum bewegen kann. Wenn das möglich ist, braucht der Raum auch nicht so groß zu sein."
Klaus B.: „Können Sie sich bewegen und den Raum mitnehmen, gelingt Ihnen das?"
Sieglinde: „Ja, ich glaube schon. Ich habe dann innerhalb meines Raumes noch eine Grenze."

Sieglinde legt ein Hölzchen quer in die Mitte ihres Raumes. (siehe Abb. 3.2)

Klaus B.: „Ich habe hier einige Holzklötzchen. Die viereckigen symbolisieren belastende und hemmende Gefühlen und Bilder, die runden symbolisieren etwas Wohltuendes, Ernährendes.

Möchten Sie einige von ihnen in Ihren psychischen Raum platzieren?

Abbildung 3.2

Sieglinde legt drei viereckige und drei runde Klötzchen in ihren Raum. (siehe Abb. 3.3)

Klaus B.: „Wie ist das für Sie, wenn Sie das von außen betrachten?"

Klaus B. stellt Sieglindes Figur außerhalb ihres Raumes.

Sieglinde: „Bewundernd."
Klaus B.: „Können Sie von dort aus unterscheiden, ob die belastende Gefühle und Bilder (die viereckigen Klötzchen) Ihre eigenen sind oder sind diese ursprünglich jemand anderem zugehörig?"
Sieglinde: „Schwierig."
Klaus B.: „Und von innen, wird es dann einfacher, dies auseinander zu halten?"
Sieglinde: „Von innen habe ich weniger Mühe, dies zu trennen. Die eckigen Klötzchen vorne, die hat mir jemand in meinen

	Raum getan. Die hinten, die sind, glaube ich, schon länger da. Von wo diese herkommen, weiß ich nicht genau.“
Klaus B.:	„Darf ich etwas ausprobieren?“
Sieglinde:	„Ja, gerne.“

Abbildung 3.3

Klaus B. stellt eine weibliche Figur vorne, außerhalb ihres Raumes, mit Blick zu Sieglinde. (siehe Abb. 3.4)

Abbildung 3.4

Klaus B.: „Wie ist das?"
Sieglinde: „Das ist unangenehm, wie die hineinschaut."
Klaus B.: „Wer ist das?"
Sieglinde: „Meine Mutter. Besser wäre, sie würde hinter mir stehen."

Sieglinde stellt ihre Mutter hinter ihren Raum. (siehe Abb. 3.5)

Sieglinde: „So kann sie wegen der Höhe der Abgrenzung nicht alles sehen."

Nach einer längeren Pause:

Klaus B.: „Wie lange oder seit wann sieht Ihre Abgrenzung so aus?"
Sieglinde: „Vielleicht war die Abgrenzung hinten früher etwas weniger hoch."
Klaus B.: „Könnte es sein, dass der Raum früher einmal größer war?"
Sieglinde: „Vielleicht war er einmal doppelt so groß."

Sieglinde zeigt mit den Händen den früheren Umriss an.

Klaus B.: „Also, ihre Mutter steht jetzt an einem Ort, der früher Ihnen gehörte?"

Sieglinde: „Vielleicht hat sie einen Teil von mir übernommen, irgendwann in meiner Kindheit."
Klaus B.: „Und was ist mit der früheren Grenze passiert?"
Sieglinde: „Diese ist nach innen verschoben worden."
Klaus B.: „Wer hat die Grenze nach innen verschoben, haben Sie das gemacht oder jemand anderes?"

Sieglinde beginnt zu weinen.

Sieglinde: „Das hat angefangen, als ich ungefähr fünf Jahre alt war und dauerte, bis ich mit 18 Jahren von zu Hause ausgezogen bin."
Klaus B.: „Ich mache Ihnen einen Vorschlag. Markieren Sie einmal mit den Latten die ursprüngliche Größe."

Abbildung 3.5

Sieglinde legt um ihren jetzigen Raum ohne die Anwesenheit der Mutter einen großen Kreis. (siehe Abb. 3.6)

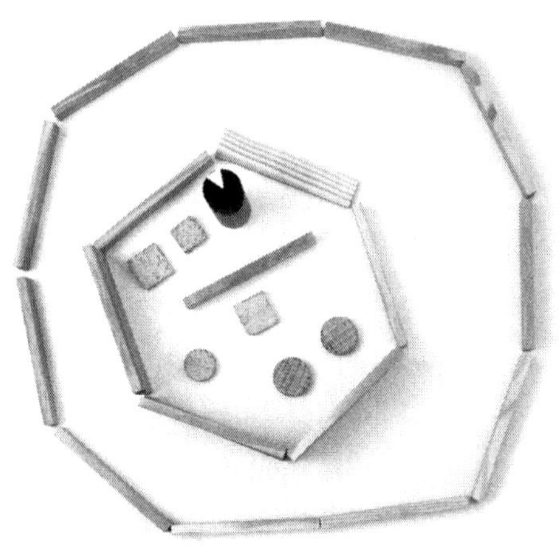

Abbildung 3.6

Klaus B.: „Wie ist das für Sie jetzt?"
Sieglinde: „Schön, aber der innere Raum verwirrt mich jetzt ein wenig."
Klaus B.: „Ja, der gehört ja eigentlich gar nicht dorthin."
Sieglinde: „Es sieht so aus, als ob der äußere Raum meiner Mutter gehört."
Klaus B.: „Gehört er ihr?"
Sieglinde: „Nein, der gehört ursprünglich mir."

Sieglinde stellt die Figur ihrer Mutter außerhalb des großen Raumes. (siehe Abb. 3.7)

Klaus B.: „Verspüren Sie einen Wunsch, etwas zu verändern?"
Sieglinde: „Ja, diese Abgrenzung des inneren Raumes zu entfernen."

Sieglinde entfernt die meisten Latten des inneren Kreises und platziert drei, am äußeren Rande. (siehe Abb. 3.8)

Klaus B.: „Stellen Sie sich vor, ihre Mutter sagt zu Ihnen: „Es tut mir leid, dass ich einen Teil deines Raumes beschlagnahmt habe. Du darfst dein Gebiet wieder zurückhaben, es gehört dir, das Ganze. Und die Sachen, die ich in diesem Raum, in diesen einverleibten Teil hinterlegt habe, nehme ich wieder heraus, sie gehören mir, so dass du deinen Raum nach deinem Wunsch gestalten kannst".“

Sieglinde nimmt ein viereckiges, belastendes Klötzchen aus ihrem Raum und legt es außerhalb.

Klaus B.: „Wem gehört das, auch Ihrer Mutter?“
Sieglinde: „Nein, das gehört einem Mann.“

Klaus B. stellt eine männliche Figur außerhalb Sieglindes Raum dazu.

Klaus B.: „Stellen Sie sich vor, er sagt zu Ihnen: „Ich nehme es wieder an mich, zurück zu mir".“

Nach einem Schweigen:

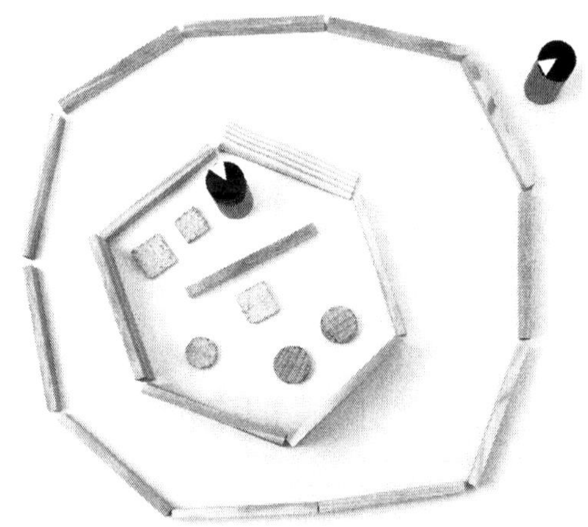

Abbildung 3.7

Klaus B.: „Schauen Sie einmal, was besser ist: Wenn Ihre Abgrenzung eine Latte hoch ist wie jetzt oder eine Latte höher?“

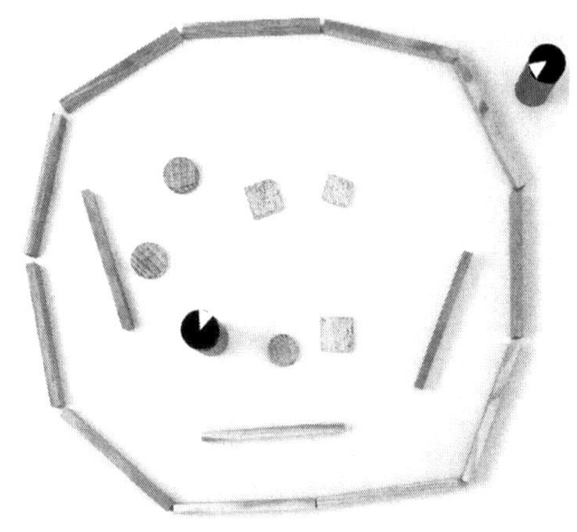

Abbildung 3.8

Sieglinde: „Darf ich es ausprobieren?"

Sieglinde legt auf den ganzen Kreis eine zweite Reihe.

Sieglinde: „Zwei Latten hoch ist besser."
Klaus B.: „Und was denken Sie, was ist besser: Wenn es so ist, wie jetzt oder wenn es irgendwo in der Abgrenzung eine Tür hätte?"

Sieglinde öffnet die Abgrenzung indem sie zwei Latten nach außen dreht. (siehe Abb. 3.9)

Sieglinde: „So ist es besser."
Klaus B.: „Wenn Sie Ihren Raum so sehen, wem würden Sie den neuen Raum mit der neuen Abgrenzung zeigen wollen?"
Sieglinde: „Volkert, mein Partner."
Klaus B.: „Was würden Sie ihm sagen?"
Sieglinde: „Schau mal, wie viel Platz ich habe. Du kannst mich jetzt besuchen."

Sieglinde ist berührt.

Nach einer Weile:

Sieglinde nimmt eine Figur für Volkert und stellt ihn zuerst bei der Tür und dann in ihren Raum. Sie schaut sich das Bild an, wie Volkert neben ihr in ihrem Raum steht.

Sieglinde: „Ja, so ist es gut."

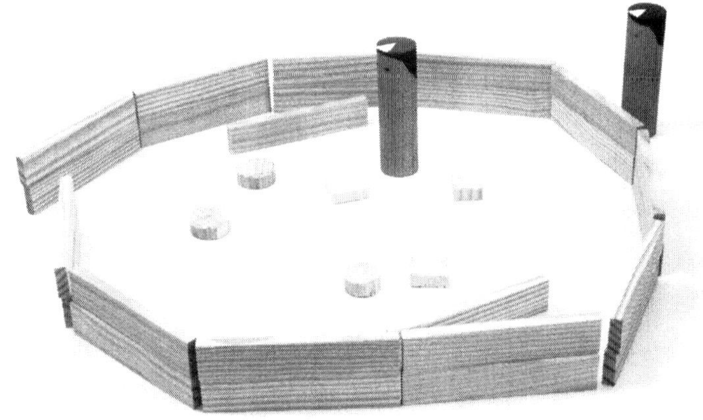

Abbildung 3.9

Nachtrag Sieglinde

Sieglinde empfindet ihren psychischen Raum als „ziemlich klein". Sie vermutet, als sie sich bewusst wird, dass die Oberfläche ihres Raumes ursprünglich größer war, dass ihre Mutter einen Teil ihres Raumes übernommen hat. Als dieser Verdacht ausgesprochen wird, beginnt sie zu weinen. Dies ist für sie eine schmerzhafte Erkenntnis.

Ich erlebe die Einverleibungsdynamik immer wieder und habe keine Erklärung dafür. Ich nehme an, dass sich alle Eltern von Geburt des Kindes an verantwortlich für das Wohlbefinden ihres Nachwuchses fühlen. Dabei können sie wahrscheinlich nicht immer richtig einschätzen, ab wann das aufwachsende Kind selber für seine Innenwelt die Verantwortung übernehmen kann. Möglicherweise könnte es von Bedeutung sein, ob wir Eltern mit den Gefühlen und Erfahrungen des Kindes achtungsvoll umgehen und uns von

Anfang an im Klaren sind, dass die Gefühle und Erfahrungen das Eigentum des Kindes sind. Die Verantwortung der Eltern für das Wohlbefinden des Kindes erhält mit diesem Vergleich eine neue Qualität. Mit diesem Bild im Hinterkopf werden wir wohl immer versuchen, das zu tun, was dem Kind und seiner Innenwelt zugute kommt. Wir werden dann das Gedeihen und Wachsen der Gefühle, Erfahrungen und Bilder unterstützen. Wir werden uns freuen über die Vielfalt im psychischen Raum des Kindes, über das Entfalten ihrer Qualitäten und über das Blühen ihrer Begabungen. Dies bedeutet, und das wird mit diesem Raummetapher noch einmal deutlich, dass wir Eltern keinerlei Besitzrechte haben. Wir sollten uns wohlwollend, behutsam und mit großer Achtung vor den freudevollen und schmerzhaften Erfahrungen des Kindes in seinem Innenraum bewegen. Schon nach kurzer Zeit müssen die Eltern und natürlich auch andere Betreuungspersonen vor dem Eingangstor anhalten und beim Kind um Erlaubnis bitten, um in seine Innenwelt eintreten zu dürfen. Gewiss gibt es da manchmal auch Ausnahmen, wenn wir sehen, dass das Kind mit der Sorge und Pflege seines Raumes überfordert ist. Aber auch dann müssen wir bedachtsam und respektvoll unsere Hilfe anbieten. Wenn uns, aus was für Gründen auch immer, dieses Bewusstsein fehlt, besteht die Gefahr, dass das Kind unsere Fürsorglichkeit als übergreifend und Besitz ergreifend erfährt. Vor allem sollte es für Eltern und Kind unzweideutig klar sein, welcher psychischer Raum wem gehört. Dass ein Kindesraum für den eigenen Gebrauch der Eltern genutzt wird, ist eine grobe Verletzung und kann schädliche Folgen haben.

Ohne Schuldzuweisungen gegenüber Sieglindes Mutter machen zu wollen, lassen die 3D-GV von Sieglinde und auch von Petra (Kapitel 1) eine bislang unbekannte Dynamik vermuten, welche andeutet, dass sowohl Sieglinde wie auch Petra während mehrerer Jahre nicht über einen größeren Teil ihres psychischen Raums frei verfügen konnten. Dies erschwert folgerichtig die Beziehung zwischen Tochter und Mutter erheblich und erzeugt höchst komplizierte Beziehungssituationen. Das Zurücknehmen des vermissten Teiles oder das Zurückgeben des gebrauchten Raumabschnittes gibt der Beziehung die ersehnte Klarheit und dem Kind ungeahnte neue Möglichkeiten.

Eltern, aber auch Partner können im Raum des anderen Gefühle oder Bilder hinterlegen. Wir werden im sechsten Kapitel darauf zurückkommen. Hier sehen wir, dass Sieglindes Mutter und auch ein nicht genannter Mann, etwas Belastendes, Hemmendes bei ihr hinterlassen (viereckiges Klötzchen) haben. Dies bedeutet, dass wir in unserem psychischen Raum auch fremden, uns nicht zugehörigen Gefühlen und Bildern begegnen können. In den Grenzvisualisierungen können wir die aufschlussreiche Beobachtung machen, dass der Zugang zu unseren Gefühlen und Erfahrungen von unserem imaginären räumlichen Standort abhängig ist. Sieglinde gelingt es in der 3D-GV nicht, von außerhalb ihres psychischen Raumes eigene von fremdzugehörigen Gefühlen zu unterscheiden. Sobald sie in ihren inneren Raum geht, hat sie keine Mühe mehr damit. Wenn wir von außen auf unsere Gefühle schauen, gelingt es uns nicht, einen persönlichen Bezug zu ihnen herzustellen. Es ist, als ob wir ohne jegliche Betroffenheit auf etwas Fremdes blicken. Wollen wir also zu unseren eigenen Gefühls- und Erfahrungswelten in subjektiver Weise in Kontakt treten, müssen wir uns mit unserer Aufmerksamkeit in unseren psychischen Raum begeben. Dort werden die Gefühle und Bilder lebendig und unser Innenraum eine mit Leben gefüllte Erfahrungswelt. In unserem Innenraum sind wir achtsam, gesammelt, wir erleben leiblich unsere Gefühle, Ansichten und Bilder (8). Es gibt viel, vor allem asiatische Techniken, die uns bei dem Raumwechsel von außen nach innen behilflich sein können. Meditieren, Thai Chi, Qi Gong, Yoga, aber auch ein Spaziergang im Wald oder ein warmes Bad, können uns helfen, in unseren Innenraum zurückzukehren. Je öfter und regelmäßiger wir mit unserer Aufmerksamkeit in unsere Innenwelt zurückkommen, je einfacher wird diese Bewegung. Zu Beginn braucht es manchmal noch einen Führer (oft geht es auch ohne), bewusstes Training, Übung und ein bisschen Disziplin.

In diesem Kapitel möchte ich noch einige weitere Grenzmerkmale aufführen.

Petra (siehe Kapitel 1) formuliert ihr Anliegen folgendermaßen: Sie möchte wissen, wo sie ihre Grenzen setzen soll.
Laurenz (Kapitel 2) wünscht sich, dass er harmlose Umweltreize nicht mehr als bedrohlich empfindet.
Sieglinde möchte mehr „Raum“ haben.

Alle drei schauen in die Zukunft und hoffen auf eine befreiende Klärung. Wie wir in den bisherigen drei Sitzungen gesehen haben, kann die Auseinandersetzung mit unserer Grenze zu ungeahnten Lösungen führen.

Das Anfangsbild zeigt bereits unerwartete Perspektiven und ermöglicht unbewusste Kommunikations- und Interaktionsmuster zu analysieren. Das Ins-Zentrum-Rücken unserer psychischen Grenze führt zu neuen und überraschenden Erkenntnissen. Die im Mittelpunkt unserer jetzigen Aufmerksamkeit stehende persönliche Grenze bestimmt unseren zwischenmenschlichen Umgang. Wenn uns bewusst wird, wie wir andere Personen erleben

und wie die anderen uns und unsere Innenwelt wahrnehmen, können wir willentlich dieses Wissen in neues Verhalten umsetzen. Dazu können wir nicht nur in der Außenwelt die Perspektive wechseln, sondern auch in der Innenwelt unsere Position und die Blickrichtung ändern (mentalisieren).
Wie wir in den bisherigen Sitzungen gesehen haben, können wir das Bild unserer Grenze verändern. Wir können zum Beispiel unsere Abgrenzung etwas höher machen, damit sind wir imstande, uns eine Lösungsmöglichkeit vorzustellen und zu überprüfen. Nach der Grenzanpassung können wir z.B. mehr Schutz, Sicherheit und Geborgenheit fühlen.

Oft können wir selber eine Lösung finden, wie wir bei Petra gesehen haben. Sie sah eigenständig, dass ihr ein neugestaltetes, einladendes Tor gut tun würde. Sieglinde gab schon bei der Formulierung ihres Anliegen an, dass sie mehr Raum haben wolle. Als sie ihr unbewusstes, inneres Bild dreidimensional dargestellt hatte, wurde ein „ziemlich kleiner Raum" sichtbar. Die Frage, ob er denn früher einmal größer war, lag somit auf der Hand. Diese Vermutung löste bei ihr viel aus.

Wir haben gesehen, dass wir mit uns selbst kommunizieren können, indem wir Kontakt aufnehmen mit unseren Gefühlen und Erfahrungen und auch, indem wir in unserem psychischen Raum den Standort und die Blickrichtung wechseln. Diese hochkomplexen Situationen benötigen eine sehr differenzierte Innen- und Außenweltwahrnehmung (unseren physischen Körper, resp. Leib) und ein spezialisiertes Verarbeitungsorgan (wahrscheinlich einen großen Teil unseres präfrontalen Cortex).
Ich kann mir gut vorstellen, dass viele Beziehungskonstellationen zusätzlich auch mit anderen Verfahrensweisen angeschaut werden können. Vor allem mit EEG und funktionellen Bildherstellungsverfahren des Hirns könnten in Bezug auf die Wahrnehmung unserer Grenze und alle daraus folgenden zwischenmenschlichen Interaktionen uns noch sehr spannende und interessante Entdeckungen bevorstehen.

Kapitel IV

Das unbewusste innere Grenzbild ändern

Hanna ist eine 35-jährige Frau. Sie arbeitet als Englischlehrerin an einem Gymnasium. Nach einer 5-jährigen Ehe ist vor einem Jahr eine anschließende 2-jährige Beziehung durch den Partner beendet worden. In der Zwischenzeit hatte sie mehrere Männer kennengelernt, wobei es immer wieder zu wiederholt kleineren und größeren Grenzüberschreitungen kam.

Anliegen
Hanna möchte wissen, welche Signale sie unbewusst ausstrahlt, die dazu führen, dass sie immer wieder an wenig feinfühlende und sich ihr gegenüber respektlos verhaltende Männer trifft.

Hanna stellt ihren psychischen Raum und die Abgrenzung mit Hölzern dar. (siehe Abb. 4.1)

Klaus B.: „Wie geht es Ihnen, wenn Sie die Visualisierung Ihres inneren Raumes betrachten?"
Hanna: „Ich fühle mich geschützt, spüre eine Art Geborgenheit und fühle mich selbständig."
Klaus B.: „Wenn Sie das Bild anschauen, was fällt Ihnen dabei auf?"
Hanna: „Es ist nicht perfekt gebaut, es ist quadratisch, die Person steht in der Mitte."
Klaus B.: „Und wie ist die Höhe Ihrer Abgrenzung?"
Hanna: „Die Höhe, das ist interessant, ich bin gar nicht auf die Idee gekommen, meine Grenze zwei oder drei Latten höher zu stecken."
Klaus B.: „Und die Größe ihres psychischen Raumes, ist das o.k. für Sie?"

Abbildung 4.1

Hanna: „Ich hätte den Raum auch größer machen können, ich sehe, ich habe nur einen Teil des ganzen Tisches benutzt."

Klaus B.: „Von der ganzen Tischfläche, haben Sie vielleicht nur ein Drittel benutzt, löst diese Beobachtung etwas aus bei Ihnen?"

Hanna: „Mir löst die gewählte Höhe meiner Abgrenzung mehr aus, als die Größe des Raumes. Wenn ich mir vorstelle, dass dies meine Grenze sein soll, dann ist dies kein Problem, diese zu überschreiten. Eine andere Person kann so einfach bei mir hereinspazieren."

Klaus B.: „Möchten Sie, das einmal mit einer stellvertretenden Figur versuchen?"

Hanna: „Ja."

Klaus B.: „Ist diese männlich oder weiblich?"

Hanna: „Männlich."

Klaus B.: „Stellen Sie diesen Mann zuerst einmal außerhalb ihres Raumes und schauen Sie, wie Sie sich dabei fühlen."

Hanna platziert eine männliche Figur, ca. drei Zentimeter von der Umzäunung entfernt hin. (siehe Abb. 4.2)

Abbildung 4.2

Hanna: „Ich habe das Gefühl, dass diese Figur weit weg ist, weit weg von der Person, welche im Innenraum ist. Ich sehe jetzt aber das der Mann ganz nahe an meiner Grenze steht."

Klaus B.: „Auch Ihre Gefühle sind in Ihrem Raum. Diese sind ihm jetzt recht nahe. Stimmt das?"

Hanna: „Das lässt mich denken, ich empfinde ihn als weit weg, dabei ist er ganz nahe. Ich spüre die Distanz von meinem Körper zu ihm und nicht von meiner Grenze zu ihm. Jetzt verstehe ich einiges."

Klaus B.: „Was verstehen Sie?"

Hanna: „Das Bedürfnis jemandem nahe zu sein habe ich bis jetzt so gesehen, dass er in meinem Raum neben mir stehen muss."

Klaus B.: „Wenn Sie jetzt die Distanz neu einschätzen, was löst dies aus?"

Hanna: „Das Verlangen, dass er in meinen Raum kommt."

Klaus B.: „Wenn Sie ihn bitten hereinzukommen und er steht jetzt in Ihrem Raum neben Ihnen, wie ist das?" (siehe Abb. 4.3)

Hanna: „Angenehm, weil ich ihn gebeten habe hereinzukommen."

Klaus B.: „Würden Sie sich bewegen oder bleiben Sie so stehen?"

Hanna: „Ich würde mich auf ihn zu bewegen."

Abbildung 4.3

Nach einer Weile:

Klaus B.: „Wie lange bleibt er?“
Hanna: „Bis er wieder geht, bis er selbst meinen Raum verlassen will.“
Klaus B.: „Wie lange darf er bleiben, wann würden Sie ihn bitten, wieder zu gehen?“
Hanna: „Wenn es mir zu viel wird, wenn es mich bedrängt.“
Klaus B.: „Wie merken Sie das?“
Hanna: „Ich spüre eine Enge im Brustbereich. Ich empfinde auch eine Sehnsucht, wieder alleine zu sein.“
Klaus B.: „Wie würden Sie ihm das sagen?“
Hanna: „Ich würde sagen, dass ich etwas Abstand brauche, etwas Zeit für mich und ich würde mich freuen, wenn er wieder kommt.“
Klaus B.: „Versteht er das? Versteht er, dass er Ihren Raum verlassen soll?“
Hanna: „Ich bitte ihn über den Zaun auf die andere Seite zu gehen.“
Klaus B.: „Wie ist es, wenn er das macht?“
Hanna: „Ich bin überrascht, dass er das einfach so tut. Es erstaunt mich, wie klar ich bin, mit meiner Wortwahl und meiner Körpersprache.“
Klaus B.: „Und wie ist es, wenn er von sich aus sagen würde, er möchte wieder gehen?“

Hanna: „Das ist gar nicht gut, ich habe Angst, er kommt vielleicht nie wieder. Wenn er schon vier oder fünf Mal zurückgekommen ist, dann ist dies einfacher für mich, wenn er gehen will."

Klaus B.: „Und wenn er nicht bald wieder kommt?"

Hanna: „Dann vermisse ich ihn sehnlichst, dann fühle ich mich alleine gelassen."

Klaus B.: „Vorher, als Sie alleine waren, fühlten Sie sich geschützt, geborgen und selbständig. Was machen Sie nun?"

Hanna: „Ich weine, ich ruf ihn an und frage, ob er wieder kommen möchte."

Klaus B.: „Gehen Sie an den Zaun, um zu schauen, ob er schon kommt oder gehen Sie sogar aus Ihrem Raum heraus, um ihm entgegenzulaufen?"

Hanna: „Ich habe gar nicht daran gedacht, dass ich auch hinausgehen kann. Ich überlege mir, was ich alles falsch gemacht habe."

Klaus B.: „Wenn er jetzt von einer anderen Seite kommen würde und Sie würden ihn vielleicht gar nicht sehen und er kommt ohne zu fragen in Ihren Raum, wie ist das?" (siehe Abb. 4.4)

Abbildung 4.4

Hanna: „Dies löst ein komisches Gefühl aus, dass er in meinem inneren Raum steht und ich ihn nicht sehe."

Klaus B.: „Merkten Sie, dass er hereinkam?"

Hanna: „Ja, das spüre ich irgendwie."

Klaus B.: „Und was machen Sie jetzt?"

Hanna: „Ich drehe mich um und ich freue mich, dass er da ist."

Klaus B.: „Darf er Ihre Grenze überschreiten, ohne Sie zu fragen?"

Hanna: „Ja."

Klaus B.: „Ist das schon einmal passiert?"

Hanna: „Ja, schon öfter."

Klaus B.: „Wieso macht er das? Wieso kündigt er sich nicht an?"

Hanna: „Er weiß, dass er dies tun kann."

Klaus B.: „Macht er das unbewusst?"

Hanna: „Es ist ihm wahrscheinlich egal, ob ich dies mag oder nicht, er spürt das gar nicht. Für ihn ist es einfacher, unkomplizierter, weniger anstrengend."

Klaus B.: „Wie ist es, wenn er wieder gegangen ist und Sie Ihren Raum verlassen, wenn Sie außerhalb Ihres psychischen Raumes stehen?" (siehe Abb. 4.5)

Abbildung 4.5

Hanna: „Ich fühle mich wie „detached", wie abgesondert, nicht mit mir in Kontakt. Es ist selbstgemacht, weil ich selbst aus dem Raum gegangen bin. Ich fühle mich auch ein wenig verloren."

Klaus B.: „Sie sagten in der letzten Sitzung, Sie seien wie desorientiert, ist es dieses Gefühl?"

Hanna: „Nein, ich wurde da von meinem Expartner hinausgelockt und als wir beide außerhalb meines Raumes standen, war die Situation chaotisch und hektisch. Als er dann definitiv gegangen war, war ich alleine draußen und schaffte es nicht, in meinen inneren Raum zurückzukehren."

Klaus B.: „Warum haben Sie dies nicht geschafft?"

Hanna: „Ich wusste zwar, wo mein Raum ist, aber ich konnte ihn nicht finden, ich war wie ein aufgescheuchtes Huhn, nicht ganz klar im Kopf. Ich bin, glaube ich, gestürzt und konnte nicht mehr aufstehen. Als er sich aus der Beziehung zurückgezogen hatte, bin ich ihm nachgelaufen."

Klaus B.: „Wenn er z. B. in seinen Raum zurückgekehrt ist und Sie sehen ihn in seinem Raum, von Ihrem Raum aus, wie empfinden Sie das?" (siehe Abb. 4.6)

Hanna: „Gleichberechtigter."

Klaus B.: „Spüren Sie eine Bewegung?"

Hanna: „Ich würde an den Rand meines Raumes gehen und mit ihm reden wollen."

Abbildung 4.6

Klaus B.: „Darf ich etwas ausprobieren?"
Hanna: „Ja, natürlich."

Klaus B. nimmt Hannas Figur, geht aus ihrem Raum in den Zwischenraum und stellt ihre Figur in seinen Raum.

Klaus B.: „Kennen Sie das?"
Hanna: „Das ist ganz komisch, was spüre ich denn da? Ich bin unsicher."
Klaus B.: „Als Sie ihm damals so viele Fragen stellten, so bohrten, ist es dieses Gefühl?"

Hanna stellt ihre Figur näher zu seiner und sagt: „Nein, mehr hier, so nahe." (siehe Abb. 4.7)

Abbildung 4.7

Klaus B.: „Das ist für ihn wahrscheinlich nicht so angenehm, was meinen Sie?"

Hanna: „Nein, das ist sicher nicht angenehm."

Klaus B.: „Haben Sie ihn gefragt, ob Sie in seinen Raum eintreten dürfen?"

Hanna: „Nein, dies habe ich nicht getan. In meinem Berufsalltag muss ich den Kindern auch viele Fragen stellen."

Klaus B.: „Und wenn Sie ihn jetzt zuerst um Erlaubnis bitten, um hineinzugehen, ist das anders?"

Hanna: „Viel besser."

Klaus B.: „Schauen wir einmal etwas anderes an, machen wir einen Themenwechsel. Was denken Sie, wie lange sieht Ihre Grenze so aus, wie Sie sie hier dargestellt haben?"

Hanna: „Nicht so alt, vielleicht drei bis vier Monate."

Klaus B.: „Und wie war es vorher?"

Hanna legt die Hölzer flach auf den Tisch und gestaltet ein neues Bild. (siehe Abb. 4.8)

Hanna: „Es war vorher sehr einfach in meinen Raum zu gehen, ich war zugänglicher. Mein innerer Raum war auch größer."

Abbildung 4.8

Klaus B.: „Und wie sah es davor aus? Ich kann die Frage auch anders formulieren. Wie ist es zu diesem Bild gekommen, mit der alten Darstellung, wie sie jetzt sichtbar ist?“ (siehe Abb. 4.8)
Hanna: „Da ist wahrscheinlich etwas passiert, dass die Grenze auseinander gefallen ist.“
Klaus B.: „Was ist passiert?“
Hanna: „Die Grenze wurde zum Teil zerstört.“
Klaus B.: „Wie?“
Hanna: „Von meinem Vater oder meinem Exmann.“
Klaus B.: „Wie alt ist dieses Bild?“
Hanna: „Älter als meine Ehe.“
Klaus B.: „Sie haben also in den letzten Monaten die Grenze neu gestaltet, und dabei ist Ihr Raum etwas kleiner geworden, stimmt dies? Ich stelle das Anfangsbild wieder her, ist das o.k.?“
Hanna: „Ja.“

Klaus B. stellt das erste Bild wieder her. (siehe Abb. 4.1 und 4.2)

Hanna: „Ja, aber was bedeutet das?“
Klaus B.: „Ich weiß es nicht.“

Nach einer Pause:

Klaus B.: „Wenn Sie jetzt die Möglichkeit haben, etwas zu verbessern, was würden Sie ändern?"
Hanna: „Ich habe jetzt nicht das Bedürfnis den Raum zu vergrößern, sondern ich würde die Grenze, den Zaun eher höher und stabiler machen wollen."
Klaus B.: „Machen Sie dies mal."

Hanna macht den Zaun zwei Latten breiter und zwei Schichten höher. (siehe Abb. 4.9)

Hanna: „Das macht richtig Spaß, das ist erstrebenswert."
Klaus B.: „Wie fühlt sich das an?"
Hanna: „Sicher und gut, ich kann noch hinausschauen, das ist mir wichtig."
Klaus B.: „Jetzt habe ich noch eine Frage. Wie können Sie jetzt Ihren inneren Raum verlassen?"
H(lacht): „Jetzt habe ich so viel Energie, dass ich da ohne Probleme hinüberspringen kann. Ich könnte auch eine Leiter benützen, die ich draußen mit mir herumtrage. Einfacher wäre wahrscheinlich eine Schiebetür."
Klaus B.: „Wäre dies ein markierter Eingang?"
Hanna: „Das macht die Kommunikation mit den Mitmenschen sicher einfacher. Ach ja, ich hatte vorher gar keine Tür, weil der Zaun so niedrig war."

Hanna schaut sich das neu entstandene Bild schweigend an.

Abbildung 4.9

Nach einer Weile.

Hanna: „Jetzt muss ich schauen, wie ich dies im Alltag umsetzen kann.“

Klaus B.: „Dieses Bild dürfen Sie mit nach Hause nehmen. Dies wirkt dann von selbst.“

Hanna: „Das gefällt mir.“

Nachtrag Hanna

Die jetzige Grenze von Hanna in ihrem dargestellten Anfangsbild, ist erst drei Monate alt, ganz im Gegensatz zu Petra (siehe Kapitel 1), deren Grenze seit dem sechsten Lebensjahr sich praktisch nicht verändert hat.
Laurenz' Grenze (Kapitel 2) wurde vom sechsten Lebensmonat an für die nächsten 20 Jahre entscheidend geprägt.

Wir sehen einerseits, dass die Grenze relativ schnell zu beeinflussen und zu formen ist, andererseits über viele Jahre stabil bleiben kann. Wir sind wahrscheinlich das einzige Lebewesen, welches die eigene Grenze absichtlich und selbst formen kann. Dies ist nur möglich, wenn wir ein Bewusstsein und ein Verständnis für unsere Grenze entwickeln und wir kontinuierlich unserer Grenze gewahr sind (Boundary based Awareness). Erst dann wird eine bewusste Verbesserung unserer Abgrenzung als Schutzfilter und Ort des Austausches machbar.

Hanna erzählt, dass ein Teil ihrer Grenze wahrscheinlich von ihrem Vater zerstört wurde. Diese Vermutung zeigt uns zwei wichtige Aspekte. Wir können also nicht nur unsere eigene Grenze gewollt gestalten und formen, sondern wir beeinflussen auch oft unbewusst die Grenzstruktur unserer Mitmenschen. Dies können wir nicht nur im positiven unterstützenden Verständnis tun, wie die Großmutter von Petra, sondern auch in negativem zerstörerischem Sinne. Wir können unseren Kindern willentlich helfen, eine gesunde, starke Ich-Grenze zu entwickeln oder wie es wahrscheinlich bei Hannas Vater der Fall war, ohne Feingefühl diese unbewusst zugrunde richten. Je mehr Bewusstsein wir für die eigene und die fremde Grenze entfalten, desto mehr Menschen werden in der Lage sein, eine starke Ich-Grenze zu entwickeln.

Hannas 3D-GV zeigt uns eine weitere interessante Dynamik, welcher ich immer wieder begegne. Nachdem der Mann Hannas Gefühls- und Erfahrungswelt verlassen hat, sich aus ihrem psychischen Raum entfernt hat, vermisst sie ihn sehnlichst. Sie fühlt sich alleine gelassen, weint und ruft ihn an, ob er wieder zu ihr zurückkommen werde. Die Angst, er werde nie mehr zurückkehren, unterdrückt ihre eigene Grenzwahrnehmung. Dass er sie wieder besucht, ist für sie wichtiger, als sein ungefragtes Eindringen in ihren Innenraum. Mit diesem Verhalten signalisiert sie ihm, dass er ohne anzuklopfen in ihre Innenwelt eintreten darf. Sie versäumt es, ihn auf ihre Grenze und sein Fehlverhalten aufmerksam zu machen, was unheilvolle Folgen haben kann. Manchmal wird dieses Nichtreagieren durch eine Erstarrung verursacht. Die Person nimmt die unerlaubte Grenzüberschreitung zwar wahr, kann jedoch nicht adäquat darauf reagieren. Diese Blockierung kann oft mit vorangegangenen Traumata in Verbindung gebracht werden. Häufig konnten diese Personen damals in der bedrohlichen Situation nicht fliehen oder kämpfen, sie wurden von den Eindringlingen überrollt und es wurden sehr wahrscheinlich Grenzen und Teile der Innenräume erheblich zerstört (10). Kommt es später zu einer ähnlichen Situation, bei der eine Person ohne Erlaubnis in den psychischen Raum eindringt, bleibt der Leidtragende regungslos, wie angewurzelt stehen.

Eine andere Triebfeder, ein unerlaubtes Eindringen zuzulassen, bilden bestehende Glaubenssätze. So können wir der Meinung sein, dass Familienmitglieder zu jedem Zeitpunkt die Erlaubnis haben, in unseren Raum einzutreten. Viele glauben auch, dass in einer partnerschaftlichen Beziehung ein respektvolles Anklopfen nicht mehr notwendig sei. Diese und ähnliche Ansichten, machen eine angemessene Abwehr unmöglich. Grenzen verlieren so ihre Funktionen und die Person wird in unserem neuen psychischen Grenzverständnis als vogelfrei erklärt. Wenn wir respektvoll mit den Grenzen unserer Kinder umgehen, bestätigen und bekräftigen wir das Existenzrecht und die Wichtigkeit ihrer Grenze. Eine starke psychische Umfriedung führt zu einem inneren und zwischenmenschlichen Frieden.

Nachdem Hanna am Ende der 3D-GV das neu entstandene Bild (siehe Abb. 4.9) schweigend betrachtet hat, sagt sie: „Jetzt muss ich schauen, wie ich dies im Alltag umsetzen kann". Die Antwort lautete: „Dieses Bild dürfen Sie mit nach Hause nehmen, das wirkt dann von selbst". In der Tat war Hanna, nach nur wenigen Sitzungen nach der 3D-GV bereits optimistisch, keine Beziehung mehr mit einem respektlosen Mann einzugehen. Sie war fest davon überzeugt, dass sie mit ihrer neuen Grenze in Zukunft einen anderen Typ Mann kennenlernen wird.

Wie ist es möglich, dass das Sichtbarmachen eines inneren Bildes und dessen Umgestaltung unsere Ich-Grenze verändern kann? Paracelsus, einer der faszinierendsten Heiler in der Medizingeschichte (1493–1541) sagte schon: „Der Mensch besitzt eine sichtbare und eine unsichtbare Werkstatt. Die Sichtbare, das ist sein Körper, die Unsichtbare, ist seine Imagination. Sie kann Krankheiten verursachen und sie kann sie heilen" (1). Angeblich können wir Menschen mit unserer Vorstellungskraft einen Gesundungsprozess initiieren oder auch weiterführen. Die Professorin Jeanne Achterberg entdeckte in den 80er Jahren des letzten Jahrhunderts mit ihren Forschungsarbeiten die heilende Kraft der Imagination. Sie entwickelte moderne Methoden, die Geist und Körper wieder miteinander verbinden, und konnte die imaginative Technik in Zusammenarbeit mit dem Krebstherapeuten Simonton in der Onkologie heilvoll anwenden (30). Nicht nur schamanische Verfahren oder Placebo, sondern auch modern wissenschaftlich überprüfte Methoden belegen, dass wir mit Hilfe unserer Imagination auf ganz unterschiedlichen Ebenen Änderungen bewirken können. Mit neuen Bildern können wir unsere bestehenden inneren Bilder ergänzen, neu zusammensetzen und damit unser Verhalten ändern. Wir können mit Lösungsbildern Prozesse in Gang setzen, dem Leben eine neue Richtung geben und nach langem Stillstehen, erste befreiende Schritte machen.

In unserem Ansatz bilden Gefühle, Bilder, Erfahrungen, Ansichten, Aufgaben und Verantwortung ein miteinander verknüpftes System, welches nach außen abgegrenzt ist und gleichzeitig eine innere Einheit definiert. Ändert man in diesem System ein wichtiges Bild, so werden auch die Ansichten, Aufgaben, Verantwortung und Gefühle sich ändern. Faszinierend ist, dass durch das neue 3D-GV Schlussbild und die während der 3D-GV gemachten, neuen Erfahrungen, nicht nur das ursprüngliche Grenzbild sich ändert, sondern darauffolgend auch das System der Gefühle, Bilder, Erfahrungen, Ansichten, Aufgaben und Verantwortung in Bewegung kommt. Wie dieser Prozess vor sich geht, werden wir im achten Kapitel noch genauer anschauen. Die Kraft der Vorstellung, die Macht des neuen internalisierten Bildes und die Befähigung der gemachte Erfahrung, können wir nützen, um unsere Ich-Grenze positiv zu beeinflussen.

Es stimmt also, das Bild wirkt von selbst. Das veränderte Grenzbild gibt uns psychisch einen Anstoß und bringt uns, dank der neuen schützenden Grenze, im wahrsten Sinne des Wortes, in Einklang mit unserer Umwelt.

Kapitel V

Ich-Grenzen geben uns eine Entscheidungs- und Bewegungsfreiheit

Olav ist ein 32-jähriger Kunstmaler, der zum Teil als Lehrer an einer Schule und teilweise als freischaffender Künstler tätig ist.

Seit einem Jahr lebt er von seiner sechs Jahre jüngeren Ehefrau getrennt, mit der er einen gemeinsamen, vier Jahre alten Sohn hat.

Er kam zur Therapie, als sie noch zusammen waren. Er war überfordert, wusste nicht mehr, wie er mit den immer wieder eskalierenden Streitereien umgehen sollte.

Er schlüpfte wiederholt in die Opferrolle und wusste nicht, wie er sich vor den Aggressionen seiner Ehefrau schützen könnte. Er litt unter starker, innerer Unruhe und diffusen Ängsten. Die Grenzvisualisierung fand ein Jahr nach der Trennung statt.

Anliegen

Obwohl Olav schon seit einem Jahr von seiner Frau getrennt lebt, kann ihn eine einzige SMS von ihr völlig aus der Bahn werfen. Er wünscht sich, dass er sich von ihren negativen Äußerungen besser schützen kann.

Olav visualisiert dreidimensional sein inneres Grenzbild.

Klaus B.: „Wie geht es Ihnen, wenn Sie in Ihrem psychischen Innenraum stehen?“ (siehe Abb. 5.1 und 5.2)

Olav: „Ich habe viel Platz.“

Klaus B.: „Wie sieht Ihr Raum aus, können Sie ihn beschreiben?“

Olav: „Er ist symmetrisch, er ist geschlossen, die Abgrenzung ist eine Latte hoch. Ich stehe fast in der Mitte, die Grenze ist für die Außenwelt deutlich erkennbar, es ist jedoch keine hohe Mauer. Mein Raum ist einladend, die Menschen dürfen mich gerne besuchen. Die Symmetrie passt gut zu mir, ein unregelmäßiger Zaun würde mir nicht gefallen.“

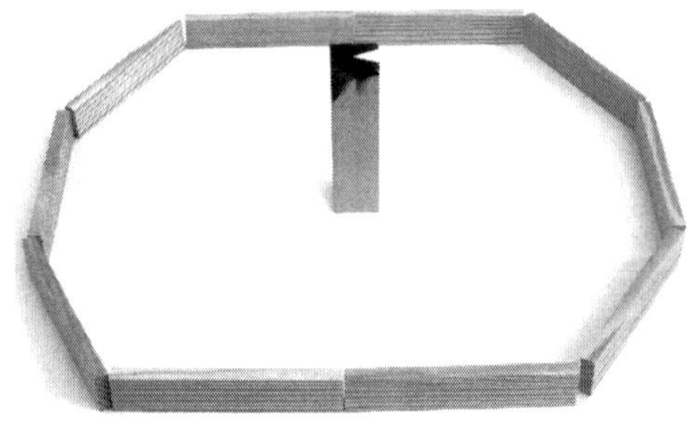

Abbildung 5.1

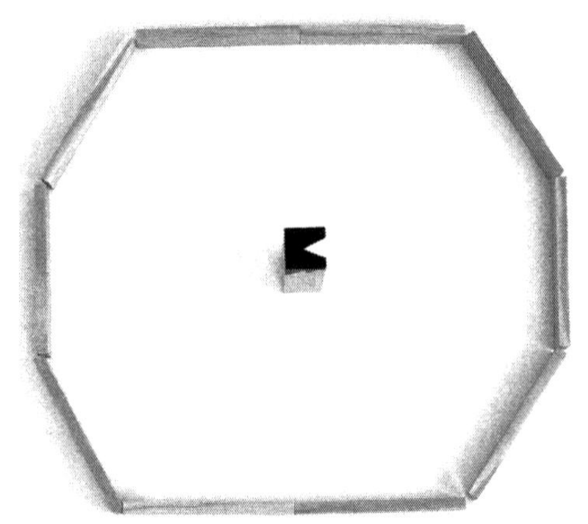

Abbildung 5.2

Klaus B.: „Können die Menschen außerhalb Ihres Raums gut hineinschauen? Sehen die Zaungäste, wie es in Ihrem psychischen Raum aussieht?“

Olav: „Ja, sie dürfen hineinschauen.“

Klaus B.: „Wie ist das für Sie?“

Olav: „Ich brauche mich nicht zu verstecken.“

Klaus B.: „Wie würde das Sich-Verstecken aussehen?“

Olav: „Ich würde die Abgrenzung höher bauen, so dass mich niemand sehen könnte, oder ich würde mich selbst in eine Ecke stellen.“

Klaus B.: „Spüren Sie eine innere Regung, Ihren Standort verlassen zu wollen?"

Olav: „Ja, soll ich zeigen, wie?"

Klaus B.: „Ja, bitte, tun Sie das einmal."

Olav bewegt seine Figur gegen den Uhrzeigersinn, kreisförmig entlang des Zaunes.

Klaus B.: „Es fiel mir auf, dass Sie dabei hauptsächlich nach außen schauten. Sie könnten vom Rand her auch nach innen blicken. (siehe Abb. 5.3) Was ist besser: wenn Sie nach innen oder nach außen schauen?"

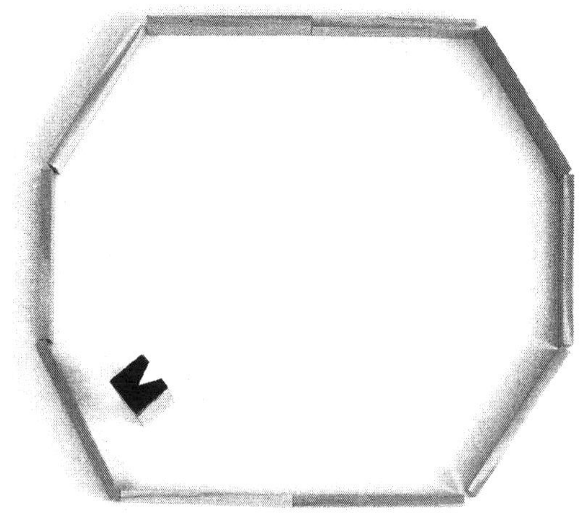

Abbildung 5.3

Olav: „Beides ist gut."

Klaus B.: „Spüren Sie, wenn Sie hier stehen und nach innen schauen einen Bewegungsimpuls?"

Olav: „Nein, ich möchte hier stehen bleiben."

Klaus B.: „Ich mache einen Vorschlag, ist das für Sie in Ordnung?"

Olav: „Ja, das ist prima."

Klaus B. stellt Olavs Figur wieder in die Mitte zurück und stellt außerhalb eine Frauenfigur dazu.

Klaus B.: „Was löst das bei Ihnen aus, wenn jetzt eine Frau von außen hineinblickt?" (siehe Abb. 5.4)

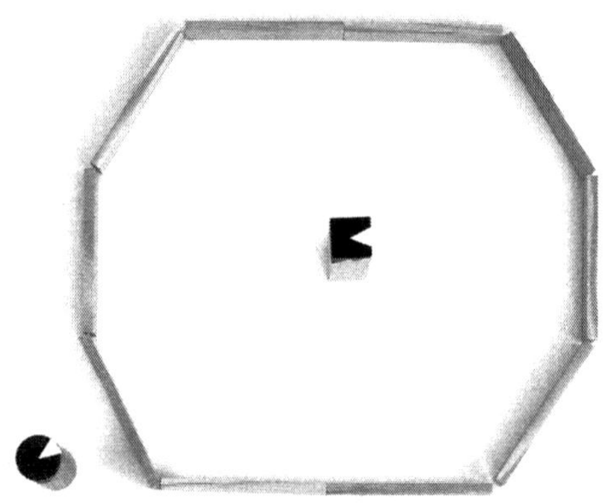

Abbildung 5.4

Olav: „Ich werde mich umdrehen und sie anschauen."
Klaus B.: „Sie spüren also, dass jemand hinter Ihrem Rücken steht und sich Ihrem Raum nähert?"
Olav: „Ja, ich fühle mich beobachtet und will wissen, wer da ist. Ich achte auf das, was sie macht, und ob sie weitergeht oder ob sie wirklich zu mir kommen will. Ich begrüße sie, gehe innerhalb meines Raumes näher zu ihr und frage, was sie wünscht."
Klaus B.: „Sie sagt, sie möchte hereinkommen."
Olav: „Ich würde sie fragen, weshalb sie mich besuchen will."
Klaus B.: „Sie antwortet: Es sieht schön aus bei Ihnen, darf ich hineinkommen?"
Olav: „Ich sage: ‚Ich kenne sie nicht' und vermittle ihr, dass sie nicht eintreten darf."
Klaus B.: „Sie geht wieder. Ich versuche nochmal etwas, ist das für Sie o.k.?"
Olav: „Ja."

Klaus B. entfernt die Frauenfigur und stellt jetzt auf der linken Seite eine neue weibliche Figur hin. (siehe Abb. 5.5)

Klaus B.: „Das ist Ihre Exfrau, die Mutter Ihres Sohnes."

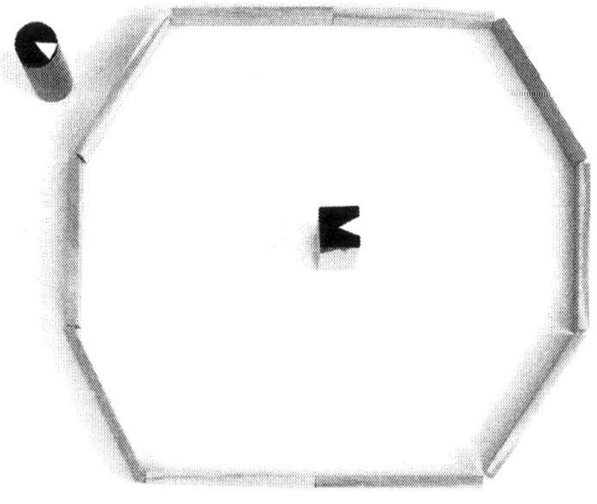

Abbildung 5.5

Olavs Gesichtsfarbe und seine Mimik ändern sich schlagartig.

Klaus B.: „Was passiert jetzt?"
Olav: „Ich werde nervös und will mich umdrehen."

Olav dreht seine Figur um.

Olav: „Ich spüre eine Aufregung in meinem Brustbereich, wie einen Adrenalinstoß."
Klaus B.: „Sie drehen sich um, aber Sie schauen sie nicht richtig an." (siehe Abb. 5.6)

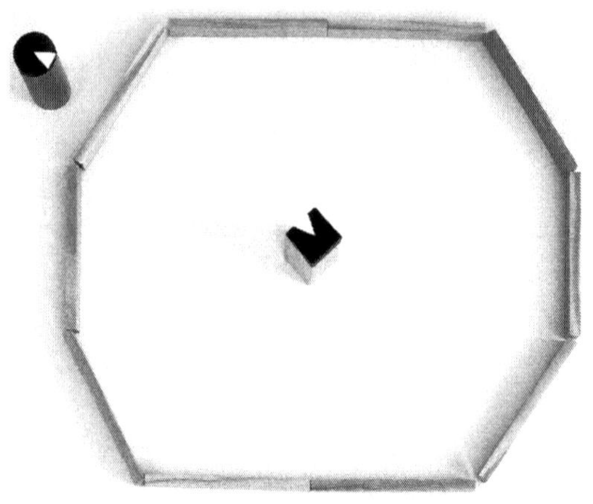

Abbildung 5.6

In der Abbildung sehen wir, wie Olavs Blickrichtung rechts an ihr vorbeigeht.

Olav ändert die Blickrichtung seiner Figur.

Olav: „Ich möchte sie jetzt anschauen. Ich bin verwirrt, soll ich was sagen, soll ich ihr näherkommen?“
Klaus B.: „Sie schauen sie immer noch nicht an. Sie haben Mühe, sie anzusehen, stimmt das?“
Olav: „Ja, das stimmt.“

Nach einer Weile:

Olav: „Ich bleibe stehen und frage sie, was sie hier sucht. Wenn ich sie richtig anschaue, ist es, als ob ich sie schärfer sehe, wie durch eine Brille. Die Konfrontation wird dadurch stärker.“
Klaus B.: „Sollen wir etwas ausprobieren?“
Olav: „Ja.“

Klaus B. stellt die Figur seiner Exfrau in Olavs Raum.

Klaus B.: „Was passiert jetzt?“

Olav: „Das ist unglaublich. Ich bin sehr enttäuscht, dass sie das wieder macht. Sie weiß, dass sie nicht mehr hereinkommen darf. Ich gehe zu ihr, öffne die Tür und stoße sie hinaus."

Klaus B.: „Und was macht Ihre Exfrau?"

Olav: „Sie steht draußen und schreit und schimpft."

Klaus B.: „Wie geht es Ihnen dabei?"

Olav: „Ich bin nervös, aber auch zufrieden, dass ich es geschafft habe."

Klaus B.: „Haben Sie das immer so gemacht?"

Olav: „Nein, früher war das ganz anders."

Klaus B.: „Wie?"

Olav: „Ich habe mich dann zurückgezogen, ich bin zurückgelaufen und habe mich in eine Ecke hingelegt, ich habe nachgegeben und weggeschaut."

Klaus B.: „Und was hat Ihre Exfrau gemacht, als sie da lagen?"

Olav: „Sie kam näher zu mir und ich wusste mich nicht mehr zu wehren. Ich wurde aggressiv und bin schlussendlich aus meinem eigenen Raum gegangen."

Klaus B.: „Ihre Exfrau war in Ihrem eigenen, privaten Raum und Sie waren außerhalb, stimmt das?" (siehe Abb. 5.7)

Olav: „Ja, so war es oft."

Klaus B.: „Sie schauen weg und sehen nicht, was Ihre Exfrau macht?"

Olav: „Das ist sehr unangenehm. Ich habe etwas verloren, was mir gehört. Sie macht zusätzlich meine Dinge kaputt."

Klaus B.: „Wie weit entfernen Sie sich denn von Ihrem Raum?"

Olav: „Weit, sehr weit weg. Im übertragenen Sinn mit diesem Bild, sicher drei bis vier Meter."

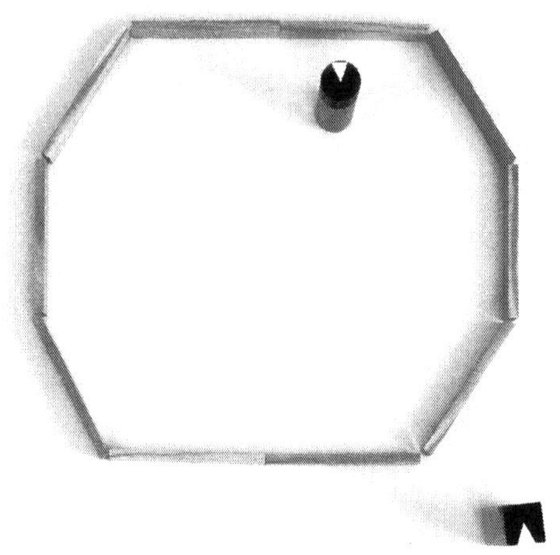

Abbildung 5.7

Klaus B. stellt Olavs Figur auf den Fenstersims, mit dem Blick von seinem Raum abgewandt.

Olav: „Dort geht es mir besser. Von dieser Distanz kann ich mich auch wieder umdrehen. Ich bin jetzt wütend und traurig, dass es wieder soweit gekommen ist."

Klaus B.: „Was machen Sie?"

Olav: „Ich komme zurück und stelle sie hinaus."

Olav nimmt seine Figur, geht mit ihr in seinen Raum, öffnet die Tür und stößt seine Exfrau hinaus.

Olav: „Jetzt geht es mir besser. Ich schaue, was sie kaputt gemacht hat. Ich bin wütend, wenn ich das sehe."

Klaus B.: „Und wie geht es Ihrer Exfrau?"

Olav: „Sie weint, sie beklagt sich und geht dann. Ich frage mich, was ich falsch gemacht habe, ob ich sie verletzt habe. Ich suche eine Antwort, möchte alles wieder in Ordnung bringen. Ich will verstehen, was genau abgelaufen ist. Wenn ich dann wieder ruhig bin, sehe ich es klar. Sie hat meine Grenze überschritten, ohne meine Erlaubnis."

Klaus B.: „Wie können Sie vermeiden, dass dies nicht wieder geschieht, dass sich das nicht noch einmal wiederholt?"

Nach einer Pause:

Olav: „Ich weiß es nicht."
Klaus B.: „Ihre Exfrau nimmt wahr, dass es sehr leicht ist, Ihre Grenze zu überschreiten."
Olav: „Wenn der Zaun zu hoch ist, dann löst dies bei mir eine Angst aus, dann fühle ich mich eingeengt, eingeschlossen. Wenn die Abgrenzung nur eine Latte hoch ist, ist dies ein gewisses Risiko."
Klaus B.: „Wenn die Abgrenzung zwei Latten hoch wäre, wie sieht das aus, löst das auch Angst aus?"

Klaus B. legt auf einige Latten eine zweite Latte darauf.

Olav: „Nein, das ist besser. Ja, ich sehe es, ich war wieder einmal naiv. Das gehört auf irgendeine Art zu meiner Natur. Ich habe in der letzten Zeit öfter intuitiv gespürt, dass das Auftreten einer Person mir nicht gut tun würde. Ich bin dann wieder zu gutgläubig und hoffe, dass nichts passieren wird. Ja, und dann werde ich wieder enttäuscht."
Klaus B.: „Ich verstehe noch nicht, wie es vorher war, einerseits höher und andererseits durchlässiger."
Olav: „Soll ich es einmal aufbauen?"
Klaus B.: „Ja gerne."

Olav ändert das Bild. (siehe Abb. 5.8)

Olav: „Ja, so sah es noch vor ein paar Monaten aus. Da konnte jeder hereinspazieren und ich musste mich hinter der Mauer verstecken."

Olav baut das ursprüngliche Bild wieder auf und legt eine zweite Schicht auf den Zaun. (siehe Abb. 5.9)

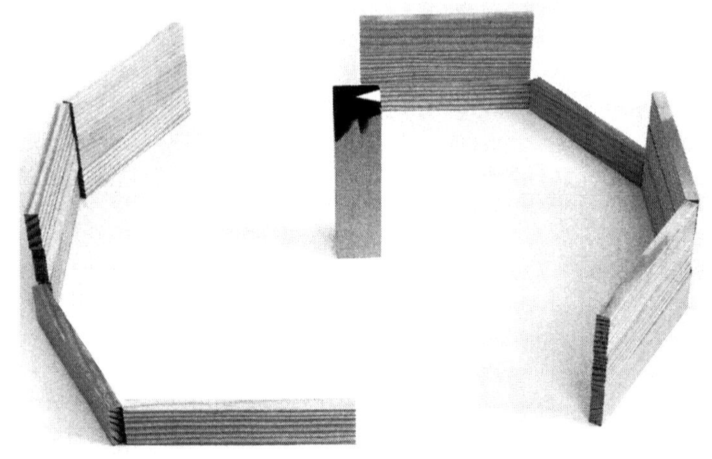

Abbildung 5.8

Olav: „Ja, ich unterschätze manchmal eine Situation, ich bin zu leichtsinnig, vielleicht bin ich auch zu optimistisch."

Klaus B.: „Wie sieht es jetzt aus?"

Olav: „Besser, es ist gemütlich, ich fühle mich wohl. Die Tür ist abgeschlossen." (siehe Abb. 5.9)

Klaus B.: „Was hat diese neue Abgrenzung für eine Wirkung auf Ihre Exfrau?"

Olav: „Sie geht wieder. Ich bin jetzt frei, ich kann in meinem Raum ungestört das machen, was ich will."

Klaus B.: „Sie haben die Tür angesprochen. Jetzt sieht man keine Tür. Würde es Sinn machen, wenn man eine Tür erkennen könnte?"

Olav: „Ja, dann ist es einfacher, den Ein- und Ausgang zu finden. Es gibt Klarheit, wo man anklopfen kann."

Klaus B.: „Wo wäre ein guter Ort für eine Tür?"

Olav: „Hier, ich würde diesen beiden Latten eine andere Farbe geben. Ja, das macht Sinn."

Abbildung 5.9

Nachtrag Olav

Nachdem Olav seine Grenze mit einer zweiten Lattenschicht erhöht hatte, merkte er, dass er nun vor ungewünschten Besuchern geschützt ist. Er sagt: „Ich bin jetzt frei, ich kann in meinem Raum ungestört das machen, was ich will“. Jetzt, da Olav sich innerhalb seiner Grenze sicher fühlt, verspürt er eine neue Freiheit. Nur mit Grenzen können wir frei sein. Wir werden in diesem Kapitel verschiedene Formen der grenzbedingten Freiheit betrachten.

Mit einer schützenden Grenze können wir uns in unserem psychischen Raum ungestört bewegen, können uns in aller Ruhe unserer Verantwortung und unseren Aufgaben widmen. Wir können unserem inneren Wachstum gewahr werden, eigene Veränderungen beobachten und können das Verweilen in der eigenen Gefühls- und Erfahrungswelt genießen lernen.

Indem wir eine solide Grenze haben und wir der einzige Besitzer des Türschlüssels sind, können wir selbst entscheiden, wen wir wann in unserer Gefühlswelt willkommen heißen. Wir sind Herr der Lage und können die Besuchsfrequenz selbst bestimmen. Dies gibt uns die Freiheit, über die eigene

Rolle im psychischen Raum entscheiden zu können. Wir können bestimmen, ob wir Gastgeber sein wollen oder lieber für eine Zeit lang alleine sein möchten. Wenn wir eine beständige Grenze haben, können wir die Filterfunktion der Grenze regulieren, können selbst bestimmen, welche Gefühle, Bilder oder Ansichten wir zulassen wollen und welche nicht. Mit dieser Entscheidungsfähigkeit können wir maßgebend eine Beziehung mitgestalten. Wir werden bewusste, aktive Mitschöpfer unserer Beziehungen. Sobald wir mit Freude feststellen, wie wir frei über unsere Innenwelt verfügen können, bekommen wir auch Verständnis für ein „Nein“ des Gegenübers. Wir können jetzt nachempfinden, dass der andere in diesem Moment in seinem Raum ungestört alleine verweilen möchte. Wir fühlen uns nicht abgelehnt, sondern können mitfühlend reagieren.

Eine gute Grenze gibt uns noch eine weitere Form der Freiheit. Wenn wir über einen sicheren Schutz und eine abschließbare Tür verfügen, können wir unsere Innenwelt verlassen, ohne Angst zu haben, dass während unserer Abwesenheit jemand in unseren Raum eindringen kann. Wir können uns freier und ohne Bedenken außerhalb unseres Raumes aufhalten. Dieses Wissen, dass wir ohne uns zu sorgen mit unserer Aufmerksamkeit unsere Gefühlswelt verlassen können, gibt uns auch die Freiheit, jederzeit unbekümmert in unseren Innenraum zurückkehren zu können.

Wie wir in den bisherigen Beispielen teilweise bereits gesehen haben, gibt es verschiedene Gründe, warum jemand sich in seinen Raum zurückzieht oder es dort kaum mehr aushält. Mit einer sicheren Grenze verschwinden diese Einschränkungen. Wir werden zu jedem Zeitpunkt entscheiden können, welcher Aufenthaltsort in dem Augenblick für uns stimmt. Mit guten Grenzen wird es wahrscheinlich, dass wir mit unserem Selbst, mit unserer Umwelt und mit unseren Mitmenschen ausgeglichen und in Harmonie zusammenleben können.

Während der 3D-GV von Olav gibt es mehrere Sequenzen, bei denen ein Bewegungsimpuls zum Ausdruck gebracht wird. Zum Beispiel verspürt Olav eine Nervosität, wenn seine Exfrau in seine Nähe kommt. Er will sich umdrehen. Er berichtet, wie er sich früher in seinen Raum zurückzog und in einer Ecke hinlegte, wenn seine Frau unerlaubt in seinen Raum eintrat. An einer anderen Stelle, als er aus der Ferne seine Exfrau in seinem Revier wahrnimmt, spürt er den Drang, in seinen Raum zurückkehren zu wollen und sie aus dem Raum hinausstellen zu wollen.

In der 3D-GV werden unser Körper, unser psychischer Raum – wo die Gefühle, Erfahrungen, Bilder, Ansichten, Aufgaben und Verantwortung ihren Platz haben – und die Umwelt in Beziehung zueinander gebracht. In dem Moment, wo das innere Grenzbild dreidimensional tastbar dargestellt ist, können wir von außerhalb auf unseren psychischen Raum, unseren Körper und die naheliegende Umwelt blicken. In diesem Augenblick können wir körperlich wahrnehmen, ob ein Standortwechsel gewünscht ist. Das Spüren dieses Bewegungswunsches hilft uns bei unserer inneren Führung. Petra (Kapitel 1) bemerkte den Wunsch, ihren Raum zu verlassen, Laurenz (Kapitel 2) wollte sich, als er sich im Zwischenraum aufhielt, 360°drehen, Sieglinde (Kapitel 3) wollte am Rand ihres Raumes nach außen treten und Hanna spürte eine deutliche Bewegung, hin zu dem Mann, der sie besucht hatte.

Wie können Petra (Kapitel 1), Laurenz (Kapitel 2), Sieglinde (Kapitel 3), Hanna (Kapitel 4) und Olav (Kapitel 5) einen Bewegungsimpuls wahrnehmen? Dies ist eine schwierige Frage, die nicht genau zu beantworten ist. Die dargestellte Situation, bei der ein Bewegungsdrang spürbar wird, hat eine atmosphärische Qualität. In dieser einfühlsamen Atmosphäre zeigt sich eine Kraft, eine Energie, die eine Richtung hat. Das Folgen dieser richtungsbesitzenden Kraft ermöglicht uns unsere innere Navigation. Plötzlich wird es Olav klar, dass er die Flucht ergriffen hat und sich weit weg von seiner Innenwelt entfernte, als seine Frau unerlaubt in seinen Raum trat. Die Bewegungsimpulse können eine unbewusste Beziehungsdynamik und alte Verhaltensmuster erkennbar machen. Diese gewohnheitsmäßigen Beziehungsbewegungen bestimmten möglicherweise unsere bisherigen Beziehungsmuster. Gute schützende Grenzen können eigene, hemmende oder sogar destruktive Bewegungs- respektiv Verhaltensabläufe überflüssig machen. Durch sichere Grenzen erhalten wir eine Freiheit, die eine differenziertere Auswahl an Bewegungsmöglichkeiten, respektiv Umgangsformen ermöglicht. Diese neu erworbene Eigenverantwortung kann die manchmal über Jahre wiederholten und eingefahrenen Handlungsmuster vollständig ändern.

Kapitel VI

Glaubenssätze können die Entwicklung der Ich-Grenze hemmen

Rosina ist eine 42-jährige, seit fünfzehn Jahren verheiratete Frau mit drei Kindern. Sie leidet unter einem schwachen Selbstwertgefühl und hat Schwierigkeiten, sich selbst zu spüren. Seit mehreren Monaten leidet sie unter Müdigkeit, Antriebslosigkeit und kann, nebst ihrer Teilzeitarbeit als Logopädin im Spital, nur mit großer Anstrengung den Haushalt bewältigen. Sie beschreibt sich selbst als sehr hilfsbereit, unterstützt gerne ihre Mitmenschen und glaubt, die Gefühle, z. B. diejenigen ihres Ehemannes, sehr präzise wahrnehmen zu können. Freundinnen erzählen ihr ihre eigenen Probleme und ihr Ehemann darf seine schlechte Laune jederzeit an ihr auslassen. Sie wünscht sich zu ihrem Ehemann eine angenehme Distanz und möchte sich nicht mehr unwohl fühlen, wenn er ihr näher kommt.

Anliegen

Rosina will, dass ihr Mann ihr gegenüber mehr Respekt entgegenbringt. Sie versucht ihn immer wieder auf ihre Grenzen aufmerksam zu machen, doch dies gelingt ihr nur selten. Vielleicht auch dadurch, weil sie glaubt, ihre eigenen Grenzen gar nicht zu kennen. Sie möchte gerne lernen, bewusster und konsequenter mit den eigenen Grenzen umgehen zu können.

Rosina baut mit den Hölzchen ihre psychische Grenze auf.

Klaus B.: „Wenn Sie ihr dargestelltes Bild ihres psychischen Raumes jetzt so sehen, was löst das bei Ihnen aus?“ (siehe Abb. 6.1)
Rosina: „Die Durchlässigkeit ist mir sehr bewusst.“
Klaus B.: „Sie meinen, diesen schmalen Spalt zwischen den Latten?“ (siehe Abb. 6.2)
Rosina: „Ja.“

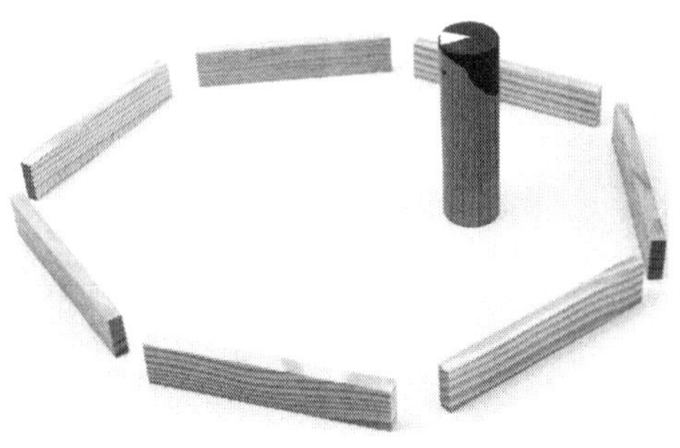

Abbildung 6.1

Abbildung 6.2

Klaus B.: „Wenn Sie sich vorstellen, dass die Holzfigur Sie persönlich repräsentiert, wie geht es Ihnen dann in Ihrem Raum?"

Rosina: „Es geht mir gut, die Abgrenzung nehme ich als einen Schutz wahr. Das ist beruhigend."

Klaus B.: „Sie haben diese Spalten in Ihrer Abgrenzung erwähnt. Was könnten diese durchlassen?"

Rosina: „Diese Spalten sind wie Türen, wo ich hinausgehen kann. Sie geben mir die Freiheit. Es ist mir schon klar, dass die Spalten zu eng sind und ich über die Abgrenzung steigen muss. Es ist mehr das Gefühl zu wissen, dass der Raum nicht ganz verschlossen ist. Wenn ich mir vorstelle, dass mein Raum ganz verschlossen wäre, auch wenn mir bewusst ist, über den Zaun steigen zu können, löst dies bei mir Angst aus."

Klaus B.: „Angst vor was?"
Rosina: „Angst vor dem Alleinsein."
Klaus B.: „Alleine, weil niemand hineinkommen würde?"
Rosina: „Ja."
Klaus B.: „Also, diese Spalten sind auch ein Signal nach außen?"
Rosina: „Ja."
Klaus B.: „Wo würde jemand hereinkommen, an welchem Ort?"
Rosina: „Dort, wo die kleinen Öffnungen sind, kann man hereinkommen. Wichtig ist für mich, dass zudem überall eine Flucht möglich ist."
Klaus B.: „Wenn Sie nicht einsam sind, also, wenn jemand mit Ihnen zusammen in Ihrem Raum ist, wäre das eine Frau oder ein Mann?"
Rosina: „Ein Mann."
Klaus B.: „Darf ich eine männliche Holzfigur außerhalb des Raumes stellen?"
Rosina: „Ja." (siehe Abb. 6.3)

Rosina: „Wenn ich niemanden in meiner Nähe von meinem Raum sehe, fühle ich ein Verlangen. Wenn er wie jetzt dort steht, möchte ich die Grenze am liebsten sofort schließen."
Klaus B.: „Wenn jemand in ihre Nähe kommt, machen Sie zu?"
Rosina: „Ja."
Klaus B.: „Was signalisieren Sie damit bei ihm, wie wird er das verstehen?"
Rosina: „Ich möchte eigentlich zu ihm sagen: ‚Sei behutsam und vorsichtig.'"
Klaus B.: „Wenn er sieht, dass Sie zumachen, wie wird er reagieren?"
Rosina: „Er wird sich abwenden und gehen. Wenn er weit genug weg ist, mache ich wieder auf."
Klaus B.: „Was glauben Sie, kommt er wieder?"
Rosina: „Nein, wahrscheinlich nicht."
Klaus B.: „Und jetzt sind Sie einsam?"

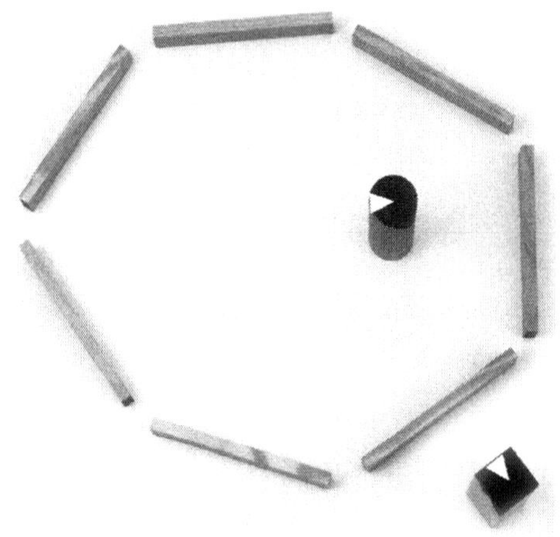

Abbildung 6.3

Rosina: „Nein, ich fühle mich wohler."

Klaus B.: „Zu wissen, dass jemand Sie besuchen wollte, genügt, um sich nicht mehr einsam zu fühlen?"

Rosina: „Ja. Es ist wie ein Sehnsuchtsgefühl."

Klaus B.: „Nachdem er gegangen ist, ist die Sehnsucht noch da?"

Rosina: „Nein, die hat sich jetzt aufgelöst."

Klaus B.: „Und was machen Sie jetzt?"

Rosina: „Mein Wunsch ist, dass ich mich jetzt auf meinen Raum konzentrieren kann. Aber irgendwie bin ich immer noch nach außen orientiert."

Klaus B.: „Also, Ihr Blick ist immer noch von innen nach außen gerichtet und nicht von innen nach innen?"

Rosina: „Ja, genau."

Klaus B.: „Haben Sie den Mann vorher überhaupt gesehen, als er da vor Ihrem Raum stand?"

Rosina: „Nein, ich habe ihn mehr gespürt."

Klaus B.: „Darf ich versuchsweise eine weibliche Figur vor eine Grenzöffnung stellen?"

Rosina: „Ja, das ist o.k.."

Klaus B.: „Wie ist das, wenn hier jetzt eine Frau steht?"

Rosina: „Das ist gut, ich spüre, dass ich öffnen möchte."

Klaus B.: „Drehen Sie sich um, möchten Sie diese Person ansehen?"

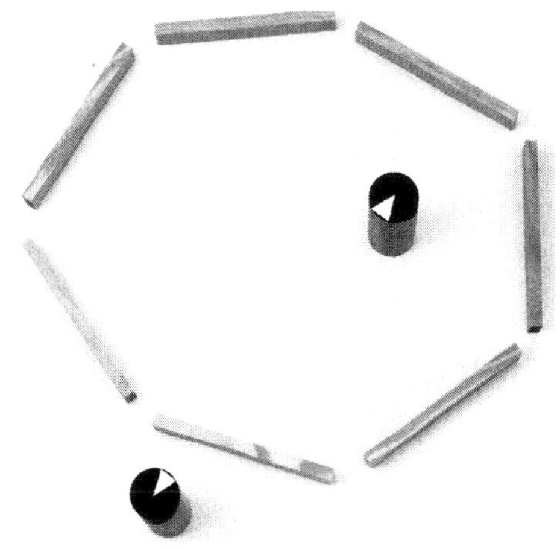

Abbildung 6.4

Rosina: „ Ja, ich will sie sehen." (siehe Abb. 6.4)
Klaus B.: „Was löst das bei Ihnen aus?"
Rosina: „Ein freundschaftliches Gefühl, die Bereitschaft zu sagen: „Komm doch herein, ich freue mich auf deinen Besuch."
Klaus B.: „Ist sie willkommen?"
Rosina: „Ja."
Klaus B.: „Steigt die Frau jetzt über Ihre Grenzen?"
Rosina: „Nein, ich mache die Öffnungen größer. Ich will ihr ein Zeichen der Anerkennung geben."
Klaus B.: „Sollen wir etwas ausprobieren?"
Rosina: „Ja."

Klaus B. bewegt die Frauenfigur durch die erweiterte Öffnung in Rosinas Raum.

Rosina: „Ja, sie will mir etwas erzählen."
Klaus B.: „Etwas Angenehmes?"
Rosina: „Etwas, was sie belastet."

Klaus B. nimmt drei Holzklötzchen dazu und legt sie zu Füßen bei der Frauenfigur und sagt: „Dies symbolisiert das Belastende." (siehe Abb. 6.5)

Abbildung 6.5

Klaus B.: „Was passiert, wenn die Frau darüber erzählt?"
Rosina: „Ich versuche, es näher an mich zu nehmen, um ihr eine Entlastung anbieten zu können."
Klaus B.: „Sie nehmen es ihr ab?"
Rosina: „Ja, dieses Gefühl habe ich."
Klaus B.: „Was passiert mit den Holzklötzchen, welche das Belastende symbolisieren, wenn sie wieder geht?"
Rosina: „Ich behalte sie bei mir."
Klaus B.: „Sollen wir mal schauen, wie es ihnen geht, wenn die Frau wieder geht?"
Rosina: „Ja, das ist eine gute Idee."

Klaus B. stellt die Frauenfigur außerhalb Rosinas Raum.

Klaus B.: „Wie ist das?"
Rosina: „Dass sie außerhalb steht, bewegt mich nicht groß. Zu sehen, dass es mehrere fremde Holzklötzchen in meinem Raum gibt, berührt mich. Es belastet mich, wenn ich hinschaue."
Klaus B.: „Und wie oder in welche Richtung können Sie schauen, dass es Ihnen am wenigsten zu schaffen macht?"

Rosina dreht ihre Figur so, dass sie alle drei belastenden Klötzchen im Blickfeld hat, ohne eines genau anschauen zu müssen.

Klaus B.: „Was machen Sie jetzt weiter?"
Rosina: „Ich versuche mit der Zeit, das Belastende herauszuschaffen. Ich deponiere es außerhalb meines Raumes."

Rosina legt die Klötzchen außerhalb ihres Raumes. (siehe Abb. 6.6)

Klaus B.: „Wie ist das?"
Rosina: „Gut."
Klaus B.: „Und wo liegen diese Belastungen jetzt?"
Rosina: „Ich habe versucht, sie an einem Ort zu deponieren, den niemand persönlich betrifft."
Klaus B.: „In einen öffentlichen Raum?"
Rosina: „Ja."
Klaus B.: „Stimmt dies so für Sie?"

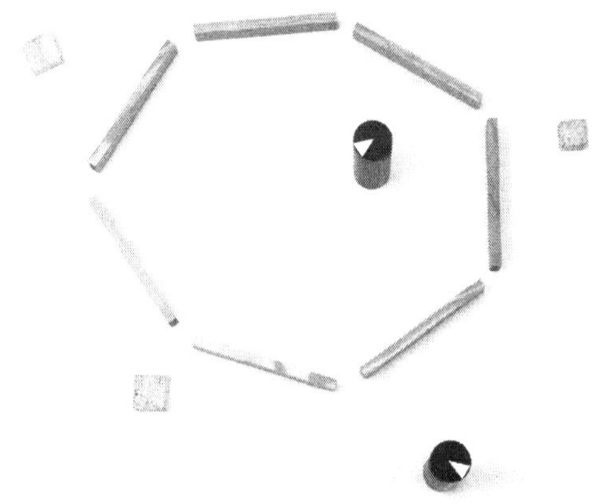

Abbildung 6.6

Rosina: „Nein, ich habe schon ein wenig ein schlechtes Gewissen dabei. Ich möchte es eigentlich dorthin bringen, von wo es herkommt."
Klaus B.: „Sie möchten es der Frau wieder zurückgeben?"
Rosina: „Ja."

Rosina nimmt ihre Figur aus ihrem Raum und geht mit einem belastenden Holzklötzchen zu der Frau.

Klaus B.: „Was sagen Sie ihr?"
Rosina: „Ich versuche dir zu helfen, kann aber nicht alles Belastende von dir übernehmen. Ich würde dir vorschlagen, dein Belastendes eine Zeitlang gemeinsam zu tragen, bis du soweit bist, dass du es wieder alleine tragen kannst."
Klaus B.: „Und was bedeutet das, wo würden sie das Belastende der anderen Frau gemeinsam hintragen?"
Rosina: „In den Raum der anderen Frau."

Klaus B. bildet mit vier Latten den Raum der Frau.

Klaus B.: „Sagen Sie ihr das, wenn die Frau innerhalb ihres Raumes oder außerhalb davon ist?"
Rosina: „Sie ist noch nicht in ihrem Raum. Ich trage mit ihr gemeinsam ihr Belastendes und bleibe mit ihr in diesem öffentlichen Raum." (siehe Abb. 6.7)

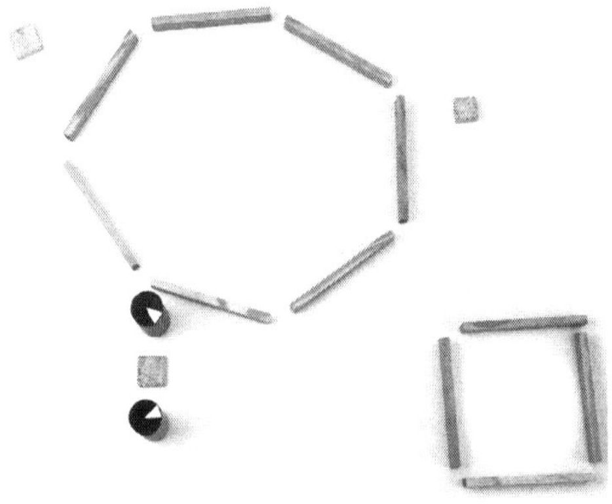

Abbildung 6.7

Klaus B.: „Und wie lange werden Sie dies tun?“
Rosina: „Bis ich merke, dass es mir zu schwer wird.“
Klaus B.: „Wie merken Sie, dass es Ihnen zu schwer wird?“
Rosina: „Ich merke, ich möchte mich wieder zurückziehen.“
Klaus B.: „In Ihren eigenen Raum zurückgehen?“
Rosina: „Ja.“
Klaus B.: „Ich versuche etwas, ist das für Sie in Ordnung?“
Rosina: „Ja.“

Klaus B. stellt noch einmal die männliche Figur außerhalb ihres Raumes dazu.

Rosina: „Das ist mein Mann. Er hinterlässt nicht unbedingt Belastendes in meinem Raum. Er trampelt eher wie ein Elefant in meinem Garten herum.“
Klaus B.: „Also, er wartet nicht auf Ihre Erlaubnis bis er hineingebeten wird, um hereinzukommen?“
Rosina: „Nein, Er kommt einfach herein, ich kann das gar nicht verhindern. Ich kann ihn aus Angst nicht stoppen.“
Klaus B.: „Können Sie sich vorstellen, dass Sie innerhalb Ihres Raumes an Ihre Grenzen gehen und sich vor ihn stellen würden, so das er nicht hereinkommen kann?“

Nach einer Weile:

Rosina: „Ja, das kann ich mir jetzt schon vorstellen.“
Klaus B.: „Was würden Sie ihm sagen, wenn Sie dort vor ihm stehen?“
Rosina: „Ich will, dass du zuerst fragst, ob du hereinkommen darfst und dass du anklopfst und dass du dann auf meine Reaktion wartest.“
Klaus B.: „Bis jetzt konnten Sie also nicht vermeiden, dass er ohne Ihre Erlaubnis in Ihren Raum kam und, wenn er dann einmal drinnen war, konnten Sie nicht vermeiden, dass er dann wie ein Elefant Wertvolles zertrampelte?“
Rosina: „Nein, ich habe mich dann einfach zurückgezogen.“
Klaus B.: „Was heißt das, zurückziehen?“
Rosina: „Ich versuchte, mich zu verstecken.“

Rosina positioniert ihre Figur hinter einem Klötzchen, welches sich in ihrem Raum befindet.

Klaus B.: „Sieht er Sie noch?“
Rosina: „Ja, er sieht mich schon noch, aber ich reagiere nicht, ich versuche reaktionslos zu verharren.“
Klaus B.: „Erstarren?“
Rosina: „Ja.“
Klaus B.: „Sie verstecken sich hinter einem eigenen Klötzchen? Wenn Sie sich hinter einem fremden Klötzchen verstecken würden, macht dann das Fremdbelastende in Ihrem Raum plötzlich einen Sinn?“
Rosina: „Ja genau, das mache ich.“
Klaus B.: „Also, das Belastende der Frau in ihrem Raum hilft Ihnen, sich vor Ihrem Ehemann verstecken zu können?“
Rosina: „Ja.“
Klaus B.: „Was würde Ihr Mann machen, wenn Sie sich nicht mehr verstecken würden und er Sie ganz sehen könnte?“
Rosina: „Er wünschte sich wahrscheinlich, dass ich ihn bremse, dass ich meine Position zeige.“
Klaus B.: „Wie ist das für Sie, wenn Sie für ihn ganz sichtbar wären?“
Rosina: „Das ist gut, ich kann mich jetzt besser wehren. Ich könnte meinen Standpunkt besser vertreten, ich habe das Recht, dort zu stehen.“
Klaus B.: „Was würden Sie ihm jetzt sagen?“
Rosina: „Das bin ich, das ist ein Teil von mir. Ich würde ihn fragen: ‚Warum bringst du nicht auch etwas Belastendes mit?‘“
Klaus B.: „Also lieber, er bringt etwas Belastendes mit, als dass er sich wie ein Elefant in Ihrem Raum bewegt?“
Rosina: „Ja.“
Klaus B.: „Er könnte ja auch ein Geschenk mitbringen?“
Rosina: „Ja.“

Klaus B. positioniert den Ehemann außerhalb des Raumes mit Blick ihr zugewandt und legt neben ihn ein kleines Geschenk, das mit einem farbigen grünen Holzklötzchen symbolisiert wird.

Rosina: „Das gibt ein Gefühl von Freude und Zuneigung. Ich möchte mich jetzt öffnen."

Klaus B.: „Würde er weiterhin, ohne anzuklopfen, in Ihren Raum treten?"

Rosina: „Wahrscheinlich schon."

Klaus B.: „Wie könnten Sie das vermeiden?"

Rosina: „Indem ich eine klar sichtbare Tür hätte, die ich abschließen könnte. Ich glaube, die Tür würde ihm helfen, den Respekt zu wahren."

Rosina stellt eine Latte vertikal in eine Grenzöffnung.

Klaus B.: „Sie geben mit der Tür ein klares Signal nach außen?"

Rosina: „Ja."

Klaus B.: „Wie ist das?"

Rosina: „Ein großer Unterschied zu früher."

Klaus B.: „Was ist denn anders?"

Rosina: „Ich bekomme mehr Kontrolle, es gibt mir ein Gefühl von Stärke."

Klaus B.: „Sind Sie sicher, dass jemand, anstatt vor der Tür zu warten, nicht einfach über den tiefen Zaun klettert?"

Rosina: „Ich finde schon, es ist eine echte Leistung von mir, dass ich jetzt eine Tür habe. Das ist ja wahrscheinlich auch ein Problem von mir, dass ich glaube, dass jeder das Signal der Tür verstehen würde."

Klaus B.: „Sind Sie sich bewusst, dass die Tür auch einfach ignoriert werden kann?"

Rosina: „Ich will nicht verstehen, dass es Menschen gibt, die eine leicht überschreitbare Grenze missbrauchen."

Klaus B.: „Sie möchten Ihre Idee, dass alle Menschen respektvoll sind, behalten?"

Rosina: „Ja."

Rosina ist sehr berührt.

Rosina: „Das ist wie ein Traum, den ich habe. Ich möchte an das Gute in den Menschen glauben dürfen."

Klaus B.: „Sie haben lieber diesen Glauben, als dass Sie sich selbst schützen?"

Rosina weint.

Rosina: „Ich will keine Waffe brauchen müssen, um mich vor Eindringlingen schützen zu müssen."
Klaus B.: „Sie meinen, nur mit einer Waffe können Sie ein unerlaubtes Eintreten in Ihren Raum vermeiden?"
Rosina: „Ich habe bisher keine andere Lösung gefunden."
Klaus B.: „Wenn Sie dieses Bild jetzt so sehen, gäbe es eine andere Lösung?"
Rosina: „Ich sehe keine andere Lösung."
Klaus B.: „Darf ich einen Vorschlag machen? Ist das für Sie in Ordnung?"
Rosina: „Ja."

Klaus B. nimmt zwei Latten und erhöht die Abgrenzung an einer Stelle auf zwei Latten.

Klaus B.: „Wie ist das für Sie, wenn Sie sich vorstellen, dass die ganze Abgrenzung so hoch wäre? Möchten Sie einmal ausprobieren, wie sich das anfühlt?"

Rosina baut die Abgrenzung eine Latte höher. (siehe Abb. 6.8)

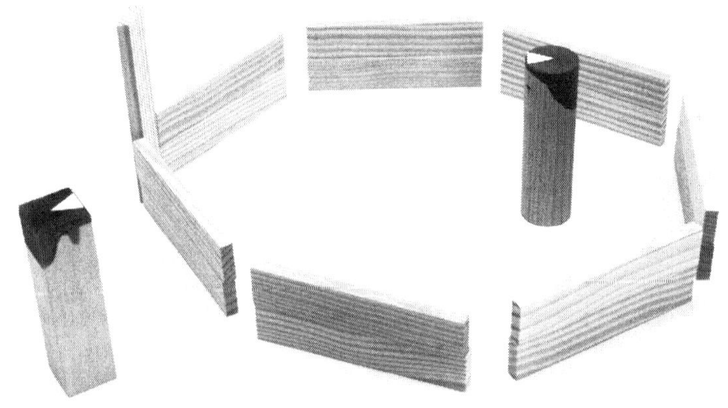

Abbildung 6.8

Rosina: „Das ist völlig anders, ich bin mehr bei mir, ich bin auf eine andere Art mehr mich selbst. Ich bin so weniger nach außen orientiert, verdränge weniger."

Klaus B.: „Ihr Blick ist mehr nach innen gerichtet?"

Rosina: „Ja."

Klaus B.: „Wie ist es für ihn jetzt?"

Rosina: „Neu."

Klaus B.: „Wird er jetzt einfach eintreten?"

Rosina: „Nein."

Klaus B.: „Müssen Sie sich jetzt bewaffnen?"

Rosina: „Nein, ich kann trotzdem nach außen gehen, ich empfinde mehr Sicherheit."

Klaus B.: „Kann das Eigene jetzt besser gedeihen, stimmt das?"

Rosina: „Ja genau."

Klaus B.: „Und die fremden, belastenden Klötzchen, werden die jetzt überflüssig?"

Rosina: „Ja, total!"

Nachtrag Rosina

Rosinas 3D-GV zeigt uns mehrere grundlegende zwischenmenschliche Aspekte, denen wir bisher noch nicht begegnet sind. Der erste wichtige Aspekt, den wir etwas genauer betrachten werden, ist der Besuch der weiblichen Person in Rosinas Raum. Die Besucherin möchte Rosina etwas erzählen. Das Erzählte ist nicht angenehm, sondern belastend. Die Besucherin hinterlässt mit Rosinas Einverständnis Beeinträchtigendes. Rosina versucht die Frau zu entlasten, behält das Hemmende für sich, auch nachdem die Frau gegangen ist. Das Belastende kann ein Gefühl sein, eine Erfahrung, ein Bild, eine Aufgabe, eine Ansicht oder eine Verantwortung. Nachdem Rosina wieder alleine ist, wird ihr klar, dass etwas Neues, nicht ihr Gehörendes in ihrem Raum zurückgeblieben ist. Dieses fremde Hemmende tut uns nur selten gut. Meistens können wir körperlich wahrnehmen, dass Fremdes, Belastendes in unserem Raum einen Platz eingenommen hat. Wie beim Immunsystem werden wir sofort oder nach einer Weile versuchen, dieses Ich-Fremde zu entfernen (11). Rosina will zuerst das Fremde einfach aus ihrem Raum schaffen, indem sie es wie Abfall auf die Straße stellt. Auf diese Dynamik werden wir noch zurückkommen.

Wir haben, wie es auch immer zu erklären ist, ein ethisches Grundwissen, welches uns sagt, dass wir das Fremdbeeinträchtigende von der Person, von der es herkommt, an diese zurückgeben müssen. Auch Rosina korrigiert ihren ersten Reflex, das nicht ihr Zugehörige einfach hinauszustellen. Sie bekommt ein schlechtes Gewissen und merkt, dass sie es dorthin bringen will, von wo es herkommt. Sie will das Hindernde der Frau zurückgeben. Wir können nicht nur Gefühle, sondern auch Erfahrungen, Bilder sowie Ansichten, Aufgaben und Verantwortung retournieren. Rosina legt das störende Gefühl nicht einfach wieder vor die Tür dieser Frau, was an sich eine gute Lösung wäre, sondern sie trägt es zusammen mit ihr zum Raum der Frau.

Was Rosinas 3D-GV ebenfalls aufzeigt ist, dass Fremdbelastendes, z.B. fremde Trauer oder schmerzhafte Erfahrungen, meistens als weniger Unheilbringendes empfunden wird, als zertrampeltes Eigenes, z.B. wertvolle Bilder oder kostbare Erlebnissen. Vielleicht spielt bei ihr dabei zusätzlich eine Rolle, dass sie sich hinter dem fremden Beeinträchtigenden verstecken kann. Das Fremde in ihrem Raum erhält überraschenderweise eine positive Funktion, während das destruktive Verhalten ihres Ehemannes zur Erstarrung führt.

Rosina möchte ihr Bild, dass alle Menschen respektvoll sind, behalten. Sie will in das Gute des Menschen glauben. Es wird ihr vielleicht erst jetzt bewusst, dass dieses Bild des allgegenwärtigen, achtungsvollen Mitmenschen nicht stimmt. Der Glaubenssatz „Alle Menschen zeigen Respekt vor den mitmenschlichen Grenzen" kann somit auch Leid verursachen. Dieser Glaubenssatz, dieser fromme Wunsch, ist ein Beispiel einer hemmenden, selbstschadenden, höchstwahrscheinlich fremdplatzierten Ansicht. Solche fremdimplantierten Glaubenssätze können dazu führen, dass wir uns keine gute Abgrenzung erlauben. Häufig wird dies nicht, wie bei Rosina über ein idealisiertes Menschenbild vermittelt, sondern ganz direkt: Du darfst dich nicht wehren. Man ist immer nett zu anderen. Oder: Deine Gefühle und Erfahrungen sind nicht wichtig. Wenn wir uns im Klaren werden, dass diese Überzeugungen zunächst fremdzugehörig sind, können wir auch sie dem ursprünglichen Besitzer wieder zurückgeben (11).

Wenn wir uns vorstellen, dass wir alle eine eigene Gefühlswelt besitzen, alle einen eigenen psychischen Raum, wo die Gefühle ihren Ort haben und dieser Raum gewollt oder ungewollt zugänglich ist für andere, verstehen wir, dass wir auf verschiedene Art und Weise mit den Gefühlen unserer Mitmenschen in Kontakt kommen können. In Rosinas Beispiel heißt sie mehr oder weniger freiwillig die Besucherin willkommen und öffnet sich für die belastenden Gefühle. Rosina hat anschließend die Gefühle in ihrer unmittelbarer Nähe. Diese gehören dort nicht hin und werden als Fremdkörper identifiziert. Diese auswärtigen Gefühle möchten wir wieder loswerden. Sie überfordern und verunsichern uns, weil wir sie nicht sofort einordnen können. Diese ortsfremden Gefühle hemmen und blockieren uns. Sie können uns manchmal sogar zu unpassendem Verhalten verleiten.

Wenn wir die Besucherin nun fragen würden, wie es ihr geht, nachdem sie ihre belastenden Gefühle bei Rosina hinterlassen hat, dann ist es wahrscheinlich, dass sie oberflächlich ein Wohlbefinden bemerkt, jedoch auf einer tieferen Ebene sich dabei unwohl fühlt. Unser Körper reagiert auf eine unerlaubte Gefühlsplatzierung mit Widerstand. Sehr oft fehlt uns jedoch der Zugang zu unserem Körper und nehmen wir dieses subtile Unwohlsein gar nicht wahr. Würden wir die Reaktion des Körpers auf das unerlaubte Hinterlegen eigener hemmender Affekte bewusst feststellen, dann würden wir uns ganz anders verhalten. Die Dynamik von oberflächlich gewollten, tiefgründig jedoch ungewünschte oder sogar unerlaubten Gefühlsübertragungen ist nicht eine ideale Begegnung mit fremden Emotionen. Viel angenehmer ist es, wenn wir im Raum des Gegenübers eingeladen werden und uns dort die Gefühle anschauen, die gezeigt werden. Indem wir uns im Raum des anderen aufhalten, ist es klar, wo die Gefühle hingehören. Weil wir die fremden Emotionen und Bilder jetzt so deutlich dem anderen zuordnen können, fällt es uns leichter, beeinträchtigende Gefühle anzuschauen. Indem wir in seinen Raum hineingehen, indem wir die Grenze seines Systems mit seiner Einwilligung überschreiten, kommen wir mit seiner Gefühlswelt in Kontakt. Diese Form der Fremdwahrnehmung können wir auch leiblich empfinden („empatisch leibliche Empfindung“).

Eine dritte Weise, fremder Gefühle gewahr werden zu können, schaffen wir, indem wir die Gefühle vom eigenen Raum aus, im Gefühlsraum des anderen erblicken. Bei dieser Wahrnehmungsart bleiben wir in unserem Raum und das Gegenüber bleibt in seinem Raum. So nehmen wir gleichzeitig die fremden wie die eigenen Gefühle wahr und können mit der anderen Person mitfühlen.(8) Für diese Form der Gefühlswahrnehmung haben wir Menschen spezialisierte Neuronen entwickelt, die sogenannten Spiegelneuronen (3). Unbewusstes Nachahmen der fremden Mimik, Annehmen der gleichen Körperhaltung oder Nachbilden der Stimme, ermöglicht uns mitzufühlen.

Unter achtsamem Wahrnehmen verstehen wir diese Form des Hinschauens. Wir sind im eigenen Raum mit unseren Gefühlen in Kontakt, spüren gleichzeitig den eigenen Körper und schauen auf und resonieren mit den Gefühlen des anderen.

Zum Schluss dieser Betrachtungen möchte ich noch eine vierte Form der „Gefühlsbewegung“ erläutern.

Nachdem Rosina die fremden Gefühle in ihrem Raum gesichtet hat, befreit sie sich spontan davon, indem sie die fremden, hinderlichen Gefühle und Bilder einfach auf die Straße stellt. Diese Gefühle verweilen besitzlos im öffentlichem Bereich, ohne dass klar ist, wer sich darum kümmern wird. Doch die Gefühle und Bilder haben durch ihren Aufenthalt im zwischenmenschlichen Raum nur scheinbar an Bedeutung verloren. Der deutsche Philosoph Peter Sloterdijk beschreibt in seinem Buch „Zorn und Zeit“, wie Gefühle im öffentlichen Raum gespeichert und gebraucht werden (31). Anhand des Zorns veranschaulicht er, wie die Gefühle in unserem Umraum aufbewahrt und zur politischen Manipulation genützt werden. Die „Zornbanken“ häufen ihr

Kapital und können als politische „Affektsammelstellen“ eingesetzt werden. Im zwischenmenschlichen Reich, im öffentlichen Raum werden tausende ähnliche Gefühle geordnet und zusammengebracht und für individuelle oder übergeordnete Ziele verwendet. Eine Vielzahl gebündelter Affekte kann eine enorme Kraft entwickeln, wogegen sich ein Individuum nur mit großer Mühe widersetzen kann. Vor allem die Medien sind Meister des Affektesammelns und werden logischerweise immer wieder von mächtigen Personen oder Institutionen missbraucht. Faszinierend ist, wie die Dynamik des „Herausstellens unerwünschter Affekte“ von Sloterdijk aus einer völlig anderen Perspektive ebenfalls erkannt wurde. Sloterdijk zeigt uns ein eindeutig weniger harmloses Bild, als wir in der 3D-GV sehen durften. Seine Analyse gibt uns einen Grund mehr, unsere Grenzen achtsam zu hegen und zu pflegen und mit unseren Gefühlen, mit unseren Bildern, Erfahrungen, Ansichten, Aufgaben und unserer Verantwortung behutsam und verantwortungsvoll umzugehen.

Kapitel VII

Folgen einer unklaren, diffusen Ich-Grenze

Fabian ist ein 39-jähriger, unverheirateter Mann, den irgendetwas davon abhält, dem Leben zustimmen zu können. Er hatte keine feste Beziehung, war unglücklich am Arbeitsplatz und wünschte sich einen Berufswechsel in eine ganz neue Richtung. Er hatte Mühe, sich selbst zu spüren und war nur selten bei sich.

Als er ein Jahr alt war, wurde sein sechs Jahre älterer Bruder schwer krank, musste in der Schweiz behandelt werden (die Familie lebte im Ausland) und starb trotz intensiver Therapie nach einem halben Jahr.

Anliegen
Fabian möchte gerne seine eigenen Grenzen besser spüren können, damit er Eigenes bewusster erfahren kann.

Fabian baut mit den Hölzchen seine jetzige Grenze. (siehe Abb. 7.1)

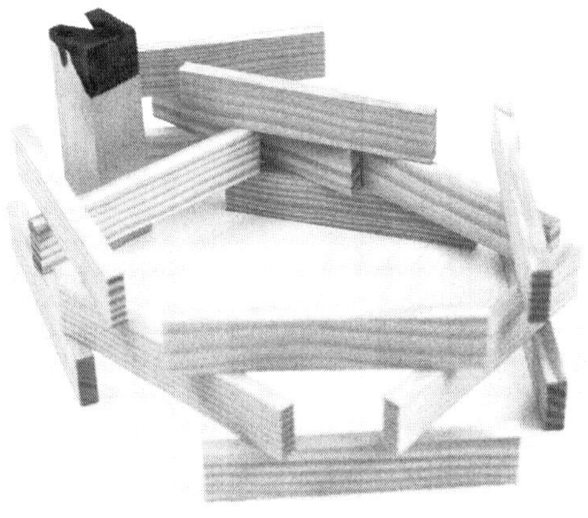

Abbildung 7.1

Klaus B.: „Was löst Ihr Bild des inneren Raumes mit der Grenze aus, wenn Sie das jetzt so wahrnehmen?"
Fabian: „Ich bin nicht zentriert, nicht in meiner Mitte." (siehe Abb. 7.2)
Klaus B.: „Sind Sie innerhalb oder außerhalb Ihres Raumes?"
Fabian: „Die Schranke hinter mir ist verwirrend, macht unklar, wo ich bin."

Fabian meint die Querlatte zwischen ihm und seinem Raum.

Klaus B.: „Wie geht es Ihnen dort, wo Sie jetzt stehen?"
Fabian: „Nicht gut."
Klaus B.: „Warum nicht?"
Fabian: „Ich fühle mich wie Hans im Schnokeloch." (Anm.: Dies ist ein Kinderlied: „Der Hans im Schnokeloch hat alles, was er will, und was er will, das hat er nicht, und was er hat, das will er nicht, der Hans im Schnokeloch hat alles, was er will.")

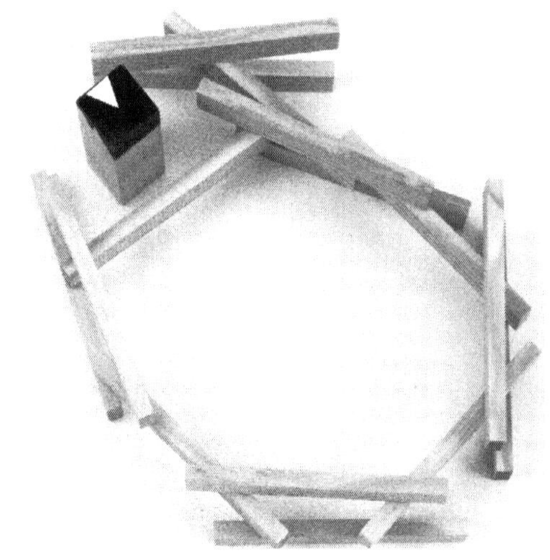

Abbildung 7.2

Klaus B.: „Also, das was Sie haben, das möchten Sie gar nicht?"
Fabian: „Ich habe Angst vor meinen eigenen Wünschen, sie sind zu groß. Es wäre besser, wenn ich alles akzeptieren könnte, ich meine so, wie es ist, akzeptieren könnte."
Klaus B.: „Sollen wir etwas ausprobieren?"
Fabian: „Ja, das ist prima."

Klaus B. dreht Fabians Figur um, so dass diese in eigenen Raum schaut.

Klaus B.: „Ändert sich so etwas?"
Fabian: „Ja, ich kann jetzt in mein Eigenes, in meinen eigenen Raum schauen."
Klaus B.: „Wie ist das für Sie?"
Fabian: „Ja, immerhin ist die Abgrenzung recht hoch."
Klaus B.: „Sie schauen den Zaun an?"
Fabian: „Ja."
Klaus B.: „Sie sehen nicht, was innerhalb Ihrer Grenze ist?"
Fabian: „Ich sehe die Grenze als die Ausdehnung des eigenen Ichs."
Klaus B.: „Versuchen wir nochmal etwas, ist das o.k. für Sie?"
Fabian: „Ja."

Klaus B. legt zwei runde Holzklötzchen in Fabians Raum.

Fabian: „Jetzt sehe ich erst mein Eigenes. Das war mir vorher nicht bewusst, ich habe wahrscheinlich nicht genügend hingeschaut und nicht gemerkt, dass es in diesem Raum Eigenes gibt." (siehe Abb. 7.3)

Fabian: „Zum Beispiel meine Ausbildung: Die ist staatlich anerkannt, dann weiß ich, dass es diese Erfahrung in meinem Raum gibt."
Klaus B.: „Also, wenn jemand anderes die Existenz von etwas, das Ihnen gehört bestätigt, dann können Sie es als Ihr Eigenes wahrnehmen?"
Fabian: „Ja genau, dann bekommt dies eine Existenzberechtigung. Ich glaube erst daran, wenn jemand von außen mein Inneres bestätigt hat."

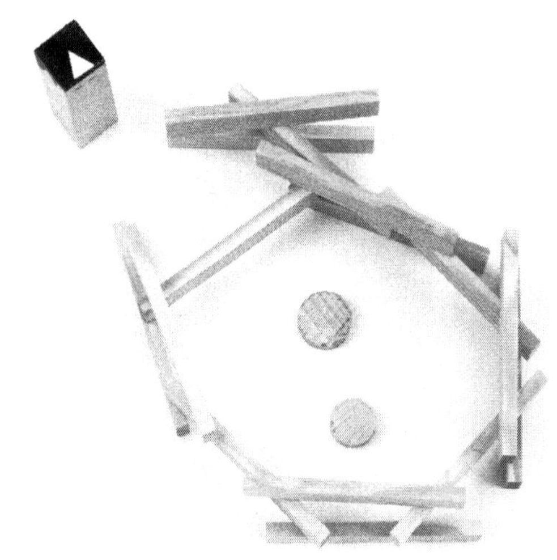

Abbildung 7.3

Klaus B.: „Wenn Sie jetzt in Ihren Raum blicken, was sehen Sie da?"
Fabian: „Jetzt sehe ich etwas, ich weiß aber nicht, was es ist."
Klaus B.: „Sie lachen?"
Fabian: „Ja, ich freue mich darüber."
Klaus B.: „Spüren Sie, wenn Sie dort stehen, einen Bewegungswunsch?"
Fabian: „Ja, ich würde gerne diese Schranke entfernen."
Klaus B.: „Wer hat diese Schranke dort platziert?"
Fabian: „Ich denke, die Umstände. Diese Schranke ist alt, sie ist schon sehr lange dort platziert. In meinem ersten Lebensjahr hat dies wohl stattgefunden."
Klaus B.: „An was denken Sie?"
Fabian: „Die Familie lebte im Ausland und mein Bruder wurde schwer krank."
Klaus B.: „Das macht Sie traurig?"
Fabian: „Ja, ich spüre meine damalige Ohnmacht."
Klaus B.: „Und macht diese Ohnmacht, diese Schranke nicht entfernt zu haben, Sie auch traurig?"
Fabian: „Ja. Die Hilfe, die ich suche, ist ein unbewusster Versuch, diese Schranke zu entfernen."

Klaus B.: „Waren Sie den schon einmal in Ihrem Raum, haben Sie die Schranke früher einmal überschritten?"

Fabian: „Ja, immer wieder. Es ist wie eine Gewohnheit, dass ich hier in dieser Ecke stehe."

Klaus B.: „Schauen wir einmal an, was passiert, wenn Sie in die Mitte Ihres inneren Raumes gehen, ist das o.k.?"

Fabian: „Ja."

Klaus B. stellt Fabians Figur ins Zentrum seines Raumes.

Fabian: „Das Weinerliche nimmt ab, auch der Druck auf der Brust, eine Form von Angst, ist nicht mehr da. Diese hohe Wand stört mich jetzt, ich kann kaum hinaus schauen. Ich fühle mich auf irgendeine Weise eingeengt."

Klaus B.: „Wer hat dies so hoch gebaut?"

Fabian: „Ich selbst habe dies so gebaut. Ich hatte letztes Jahr acht Angestellte und war öfter empört über die Dinge, die geschehen sind. Diese Wand ist ein verstärkter Abgrenzungsversuch. Jetzt arbeiten nur noch fünf."

Klaus B.: „Können Sie diese Wand selbst umgestalten?"

Fabian: „Ja."

Fabian nimmt eine Latte weg.

Fabian: „So ist es besser."

Klaus B.: „Wie ist es für Sie, wenn sie außerhalb Ihres Gebietes stehen und wegschauen?"

Fabian: „Das ist kein gutes Gefühl. Jetzt gehen andere in mein Revier."

Klaus B.: „Sollen wir etwas versuchen?"

Fabian: „Ja, gerne."

Klaus B. stellt zwei Figuren in Fabians Raum und Fabians Figur schaut von außen zu.

Fabian: „Erst jetzt merke ich, dass mein Inneres wertvoll ist, wahrscheinlich, weil die anderen es auch wertvoll finden. Jetzt sehe ich die erwähnte Bestätigung der anderen."

Klaus B.: „Und was machen die anderen da?"
Fabian: „Sie genießen meinen Raum, sie benutzen mein Eigentum."
Klaus B.: „Das ist der Preis, den Sie für die Bestätigung bezahlen müssen?"
Fabian: „Genau, ja, so ist es."
Klaus B.: „Nehmen die Besucher auch Dinge, die Ihnen gehören, mit?"
Fabian: „Wenn sie etwas mitnehmen, weiß ich, dass auch dies wertvoll ist."
Klaus B.: „Ist Ihnen das schon einmal passiert?"
Fabian: „Ja, schon öfter."
Klaus B.: „Besser wäre wohl, wenn die Personen in Ihrer Abwesenheit gar nicht in Ihren Raum kommen könnten. Stimmen Sie dem zu?"
Fabian: „Ja."
Klaus B.: „Wie wäre das zu verwirklichen?"
Fabian: „Das ist genau mein Problem."
Klaus B.: „Darf ich Ihre Figur in Ihren Raum und eine der beiden vorherigen Personen (die weibliche Figur) dazustellen?"
Fabian: „Ja."
Klaus B.: „Wie ist das?"
Fabian: „Schön."
Klaus B.: „Und darf ich die andere männliche Figur auch noch in den Raum stellen?"
Fabian: „Ja."
Klaus B.: „Wie ist es zu dritt?"
Fabian: „Es wird langsam eng. Ich würde gerne einmal in einen Raum der anderen gehen, bei den anderen auf Besuch sein können. Haben die anderen keinen eigenen Raum?"
Klaus B.: „Ich versuche nochmal etwas, ist das für Sie in Ordnung?"
Fabian: „Ja."

Klaus B. stellt vier Latten in einem Quadrat auf, die den Raum der Frau darstellen. Er stellt sie und die Figur von Fabian in den Raum. (siehe Abb. 7.4)

Abbildung 7.4

Klaus B.: „Meinen Sie so?"
Fabian: „Ja, aber irgendwie sollte meine Abgrenzung zu ihr durchlässiger sein und wir sollten näher sein."

Fabian platziert den Raum der Frau angrenzend an seinen Raum, dort wo sein Eingang ist. (siehe Abb. 7.5)

Abbildung 7.5

Fabian: „Die Querlatte in meinem Raum wird jetzt zur gemeinsamen Grenze. Ja, so stelle ich mir das vor."

Klaus B.: „Und wenn die dritte Person, der Mann, Sie jetzt besuchen will, wie macht er das?"

Fabian denkt lange Zeit nach.

Fabian: „Dann muss er über den Zaun der Frau zu mir gelangen."

Klaus B.: „Also, über Sie, zu Ihnen?"

Fabian: „Warum will er mich überhaupt in meinem Raum besuchen?"

Klaus B.: „Er will Ihnen ein Geschenk bringen."

Fabian: „Wie weiß ich, ob da nicht eine Bombe drin ist? Wenn die männliche Figur mein Vater wäre, würde ich auf der Seite einen speziellen Eingang für ihn machen."

Nach einer Weile.

Klaus B.: „Und wem gehört dieses Dreieck (siehe markierte Fläche, Abb. 7.6) vorne in Ihrem Raum. Gehört er Ihnen oder der Frau? Wer ist sie? Wissen Sie das?"

Abbildung 7.6

Fabian: „Das ist Vera, sie ist meine neue Freundin. Dieses angedeutete Feld gehört mir."
Klaus B.: „Und was denkt sie?"
Fabian: „Sie denkt, dies gehöre ihr."
Klaus B.: „Und wer hat Recht?"
Fabian: „Ich weiß es nicht, darum komme ich auch zu Ihnen."
Klaus B.: „Ich denke, es gehört Ihnen."

Klaus B.: „Ich entferne den Raum von Vera wieder, so dass zwei klar von einander getrennte Räume entstehen, ist das für Sie o.k.?"
Fabian: „Ja, das ist gut." (siehe Abb. 7.7)

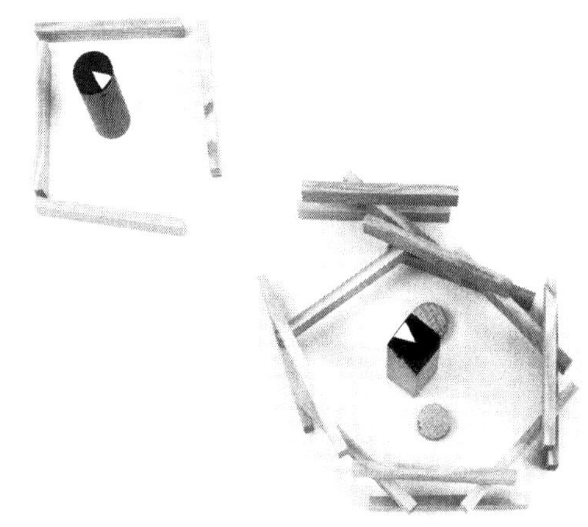

Abbildung 7.7

Klaus B.: „Wie wäre es, wenn Sie diese Schranke entfernen würden, die Querlatte, welche die markierte Fläche von Ihrem Raum trennt?"
Fabian: „Ja, das wäre wahrscheinlich besser."
Klaus B.: „Können Sie dies selbst entfernen, oder brauchen Sie Hilfe?"
Fabian: „Ich brauche Hilfe."
Klaus B.: „Wer könnte Ihnen helfen?"
Fabian: „Ich weiß es nicht."

Klaus B.: „Nehmen Sie einmal diese Schranke weg und stellen Sie sich vor, jemand hilft Ihnen dabei, auch wenn Sie nicht wissen, wer das ist."

Fabian entfernt die Schranke und zudem die oberste Latte vorne links.

Klaus B.: „Wie ist das?"
Fabian: „Befreiend."

Klaus B.: „Darf ich Ihre Figur außerhalb Ihres Raumes und zwei Figuren (Mann und Frau) vor Ihren Raumeingang dazu stellen?"
Fabian: „Ja, versuchen sie es mal."

Klaus B.: „Wie ist das für Sie, wenn Sie von außen die zwei dort stehen sehen?"
Fabian: „Ich frage mich, was wollen die von mir?"
Klaus B.: „Und was wollen Sie?"
Fabian: „Ich spüre eine Angst, ich bin ja ein gebranntes Kind diesbezüglich."
Klaus B.: „Spüren Sie eine Bewegung?"
Fabian: „Ja, ich müsste näher zu meinem Raum, näher zu mir kommen und dann vor meinem Eingang ihnen gegenüber stehen."
Klaus B.: „Normalerweise besucht man nicht jemanden, wenn man weiß, dass er nicht zu Hause ist."
Fabian: „Ja, ich kenne das, dass Menschen in meiner Wohnung sein wollen, wenn ich nicht da bin. Noch kürzlich wollte eine Kollegin von mir meinen Ofen benutzen während ich am Arbeitsplatz war."
Klaus B.: „Warum passiert Ihnen das laufend?"

Nach einer Weile:

Klaus B.: „Weil Sie keine Tür haben?"
Fabian: „Ja, das kann gut sein."
Klaus B.: „Möchten sie mal sehen, wie es ist, eine klare Tür zu haben?"
Fabian: „Ja, das könnte interessant sein."

Klaus B. stellt zwei Latten vertikal in die Öffnung. (siehe Abb. 7.8)

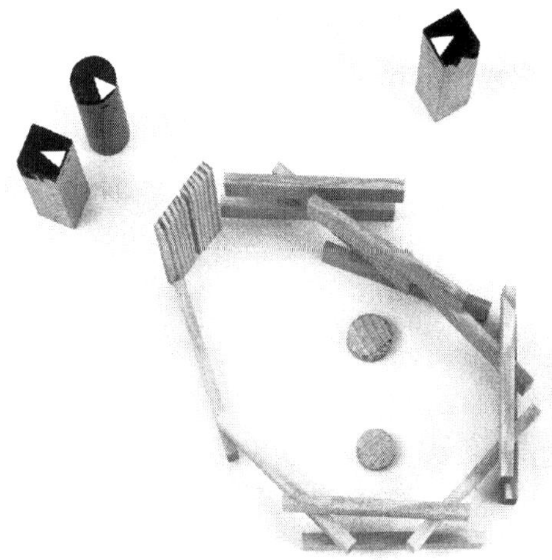

Abbildung 7.8

Klaus B.: „Wie ist das?“
Fabian: „Viel besser.“

Klaus B.: „Werden die zwei Figuren jetzt über den Zaun gehen, dort wo dieser nur eine Latte hoch ist?“„Ist es für Sie in Ordnung, wenn wir das mal versuchen?“

Klaus B. bewegt die männliche Figur über die niedrigste Grenze und platziert die Figur in Fabians Raum.

Klaus B.: „Wie reagieren Sie darauf?“
Fabian: „Ich müsste hineingehen und ihn zum Teufel jagen.“
Klaus B.: „Ja, Sie müssten wütend werden.“
Fabian: „Ja, ich glaube, ich muss die Abgrenzung dort erhöhen.“
Klaus B.: „Genau.“

Fabian erhöht die Abgrenzung wieder (zwei Latten hoch).

Klaus B.: „Wie ist das?“

Fabian: „Es ist jetzt so in Ordnung, es ist stimmig."
Klaus B.: „Und wie ist es, wenn Sie jetzt außerhalb Ihres Raumes sind?"

Fabians Figur steht noch einmal außerhalb seines Raumes.

Fabian: „Das ist jetzt kein Problem mehr."

Nachtrag Fabian

Nachdem in Fabians 3D-GV ein zusätzlicher Raum einer Frau mit vier Hölzern dargestellt wurde (siehe Abb. 7.4) sagt Fabian: „Ja, aber irgendwie sollte meine Abgrenzung zu ihr durchlässiger sein und wir sollten uns näher sein". Daraufhin platziert er ihren Raum so, dass er angrenzend an seinen Raum stößt und die beiden Eingänge einen gemeinsamen Durchgang bilden. (siehe Abb. 7.5)

Viele glauben, dass eine partnerschaftliche Beziehung die Auflösung der eigenen Grenze bedeutet. Aus zwei psychischen Räumen bildet sich eine große, gemeinsame Fläche, wo jeder sich ungehindert frei bewegen darf. Er besucht ihren ursprünglichen Raum und verhält sich in ihrem Revier, als ob alle anwesenden Gefühle, Bilder und Ansichten ihm gehören. Er bekommt nach der Eheschließung freien Zugang zu all ihren Erfahrungen und hat Zugriff zu allen guten und kraftgebenden Gefühlen. Umgekehrt darf sie jetzt in seinem Reich schalten und walten und darf die bestehende Innengestaltung nach eigenem Wohlgefallen ändern. Gab es vor Beginn der Partnerschaft noch eine innere Ordnung, wird jetzt alles mit allem vermischt. Nichts spricht gegen ein solches schöpferisches Konglomerat, hätten wir es nicht mit höchstpersönlichen, unverwechselbaren, authentischen Gefühlen und Erfahrungen zu tun. Wie können wir unsere Identität bewahren und unser Selbstbewusstsein aufrecht erhalten, wenn das Selbst aufgelöst wird? Das System, welches unsere zutiefst eigenen Gefühle, Bilder, Erfahrungen, Ansichten, Aufgaben und Verantwortung zusammenhält, kann mit neuen Affekten, Eindrücke und Erleben befruchtet, jedoch nicht übergangen werden.

Nicht nur der Inhalt unseres psychischen Raumes, sondern auch die Grenze bestimmt unsere Identität. Indem wir unsere Grenze in einem größeren

Bereich auflösen, kann es zu einem Identitätsverlust kommen. Eine Beziehung, wo die Grenzen beseitigt werden, verlangt keinen Respekt mehr. Der Begriff „Grenzüberschreitung“ wird aufgehoben und Beziehungsregeln werden außer Kraft gesetzt.

Mit Fabians Vorschlag entsteht eine gemeinsame Grenze, die von Anfang an zu erheblicher Unklarheit führt. Wem gehört dieses undefinierte Areal? (siehe Abb. 7.6) Auch ist diffus, wer für die gemeinsame Grenze zuständig sein wird. Nur mit zwei separaten, authentischen Ichs kann eine gesunde Beziehung aufgebaut werden.

Der Verschmelzungswunsch ist utopisch, ist vielleicht eine kindliche Sehnsucht nach der Wiederherstellung des Eingebettet-Sein im mütterlichen Körper. Er ist möglicherweise ein spirituelles Verlangen, in eine größere Ordnung aufgenommen zu werden. Doch all dies ist für zwei erwachsene Menschen, die sich vorgenommen haben, ihren Lebensweg gemeinsam weiter zu gehen, eine Illusion. Streben sie nach der Verwirklichung dieses unrealistischen Ideals, wird dies oft zu einer Enttäuschung und auch zu eventuellen Schädigungen des Selbst führen. Jeder Mensch hat seinen ganz individuellen, bei seiner Geburt erhaltenen, psychischen Raum.

Freuen wir uns doch über das eigene Wachstum, die eigene Entwicklung und die eigene Entfaltung und die des Partners. Lasst uns Glück empfinden, wenn wir Gäste in unserer Erfahrungswelt empfangen dürfen. Genießen wir die Zweisamkeit im zwischenmenschlichen Raum. Lasst uns dankbar sein, wenn wir in anderen psychischen Räumen als willkommener Gast begrüßt werden und lasst uns Strahlen vor Entzückung, wenn wir sehen, dass die Innenwelt unseres Kindes voll im Blühen ist.

Diese Glückseeligkeit, diese Lebenskraft, wird uns täglich geschenkt, nur weil wir, so vermute ich, bei der Geburt eine psychische Grenze bekommen haben. Das lateinische Wort für „heilig“, „sanctus“, kommt von „sancieren“, das „abgrenzen“ bedeutet. Das Heilige ist abgegrenzt.
Im Anfangsbild weiß Fabian nicht, ob er innerhalb oder außerhalb seines Raumes steht. Diese Unsicherheit wird einerseits ausgelöst durch die „Schranken“ hinter ihm und andererseits durch die fehlende Abgrenzung vor ihm. Wir werden in diesem Kapitel die Folgen einer fehlenden Abgrenzung in Bezug auf unseren Standort genauer betrachten.

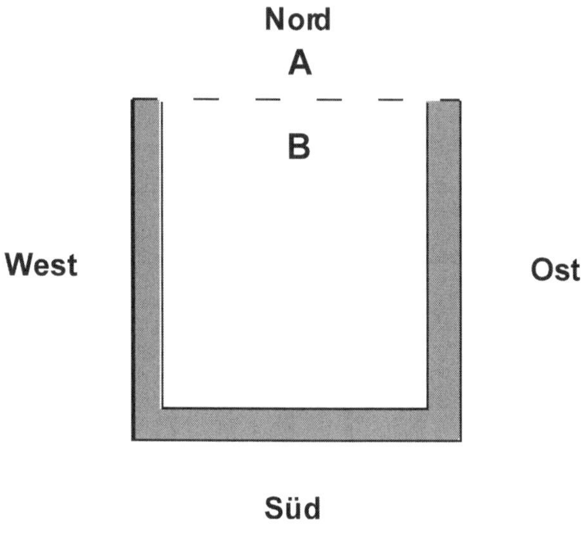

Abbildung 7.9

Stellen Sie sich einen viereckigen Raum vor (siehe Abb. 7.9), an deren Nordseite keine Abgrenzung sichtbar ist. Es ist wahrscheinlich, dass die Nordgrenze des Raumes vom obersten Rand der westlichen Grenze, zum obersten Rand der östlichen Grenze verläuft (siehe gestrichelte Linie). Weil eine fühlbare Abgrenzung fehlt, wird es öfter zu unklaren Situationen kommen. Wir werden uns jetzt einige dieser verwirrenden Konstellationen genauer ansehen.

Wenn der Besitzer des schematisch dargestellten psychischen Raumes, nennen wir ihn Peter, in einem Bereich nicht weiß, wo seine Grenze genau verläuft, wird das für ihn und seine Umwelt, vor allem in der Nähe der wahrscheinlichen Grenze zu Unruhe führen. Nehmen wir einmal an, dass sich sein psychischer Raum innerhalb des abgebildeten Vierecks befindet und er sich am Ort „A" aufhält. Wenn Peter am Standort „A" verweilt, steht er außerhalb seines Raumes; er glaubt aber, vielleicht noch innerhalb seines Territoriums zu stehen. Er verhält sich dort, als ob er Herr im eigenen Haus sei, dabei steht er im öffentlichen Raum. Er übernimmt Verantwortung in einem Bereich, wo er eigentlich nicht zuständig ist und er erledigt Aufgaben, die nicht seine eigenen sind. Dies kann für die Umwelt als störend oder auch anmaßend empfunden werden. Er definiert an diesem Ort verweilende Ansichten und Bilder als seine eigenen, dabei sind es fremde, von denen er keinen Besitz beanspruchen kann. Er identifiziert sich mit Fremdem und eignet sich ungefragt Fremdes an. Dies kann als besitzergreifend und raumeinnehmend empfunden werden. Dieses Verhalten wird auf wenig Verständnis stoßen, öfter sogar auf Ablehnung. Das fehlende Gefühl für die eigene Grenze, führt zur eigenen Grenzüberschreitung von innen nach außen.

Peter kann auch am Ort „A" verweilen und über seine Position verunsichert sein. Dieses Durcheinander kann dazu führen, dass Peter nicht weiß, wie er sich jetzt verhalten soll. Soll er dortige Verantwortung übernehmen oder nicht, Aufgaben von dieser Stelle aus erledigen oder liegen lassen, vorhandene Gefühle als seine eigenen empfinden oder darüber in der dritten Person sprechen? Vielleicht ist es möglich, dass andere ihm die ersehnte Sicherheit geben können. Wir werden noch sehen, dass auch seine Mitmenschen ihm nicht weiterhelfen können, da auch sie sich nicht im Klaren sind, wo seine Grenze verläuft.

Peter verweilt vielleicht am Platz „B", innerhalb seines psychischen Raumes und glaubt, dass er sich außerhalb seines Reviers aufhält. Er ist umgeben von seinen Bildern, Erfahrungen und Gefühlen und verhält sich ihnen gegenüber, als ob sie fremd seien. Eigene Gefühle verkennt er, er verweigert Verantwortung zu übernehmen in einem Bereich, wo nur er zuständig ist. Er erwartet vielleicht von anderen, dass sie mithelfen, eingreifen oder aktiv werden. Er ist enttäuscht, wenn sie sich zurückhalten und mehr Klarheit wünschen. Unter Umständen macht er ihnen sogar Vorwürfe und bezichtigt sie eines asozialen Benehmens, da er glaubt, dass sie sich von den gesellschaftlichen Pflichten drücken wollen. Außenstehende empfinden Peters Verhalten als unerwachsen, als kindlich, als von jemandem, der eigener Verantwortung aus dem Wege geht. Seine unrealistischen Ansprüche werden als Forderung empfunden.

Es kann auch sein, dass Peter am Platz „B" steht und wegen der undefinierten Grenze nicht weiß, ob er sich innerhalb oder außerhalb seines Raumes aufhält. Er zweifelt an seinen eigenen Gefühlen, erfüllt seine Aufgaben nur zögerlich und traut sich kaum, seine eigene Meinung zu vertreten. Peter macht einen kraftlosen Eindruck und hat Mühe sich durchzusetzen. Wie wir sehen, hat eine fehlende Markierung der persönlichen Grenze, ganz unabhängig vom ungefilterten, zwischenmenschlichen Austausch, nur schon in Bezug auf den Standort des Raumbesitzers schwerwiegende Folgen.

Zusätzlich ist nicht nur Peter verunsichert, sondern auch Personen, die sich in der Nähe seiner nicht signalisierten, persönlichen Grenze aufhalten. Stellen Sie sich z. B. eine Frau mit dem Namen Elfriede vor, die am Standort „A", außerhalb Peters Revier angekommen ist und glaubt, sie stehe innerhalb Peters Erfahrungswelt. Sie wird glauben, dass sie Peters Grenze unbemerkt überschritten hat. Oder sie fragt Peter schon zwei Schritte vor ihrer Ankunft am Ort „A", ob sie in seine Gefühlswelt eintreten darf. Sie merkt dabei, dass er vage, unpräzise oder auch ausweichend reagiert. Dies könnte sie als Schwäche interpretieren oder auch als Hinweis, dass seine Erlaubnis zum Eintritt nicht nötig sei. Einmal am Standort „A" angelangt, deutet sie die anwesenden Gefühle, Bilder und Ansichten als ihm gehörend, dabei dienen sie dem Allgemeinwohl. Sie wird sich als bescheidener Gast verhalten, obwohl sie in diesem Bereich vielleicht gesellschaftliche Aufgaben zu erfüllen hätte. Auch Peter weiß nicht, ob er sie als Gastherr begrüßen oder sie auf ihre gesellschaftlichen Pflichten aufmerksam machen soll.

Umgekehrt kann es vorkommen, dass Elfriede am Ort „B", innerhalb von Peters Territorium eingedrungen ist und annimmt, sie sei noch außerhalb Peters Revier. Ohne es zu bemerken, hat sie Peters Grenze überschritten. Sie übernimmt Verantwortung, die im Zwischenraum vielleicht angemessen wäre, ohne zu merken, dass ihre Aktivität ein Übergriff ist. Wenn Peter überhaupt reagiert, wütend wird und sich wehrt, wird dies bei ihr ein Kopfschütteln hervorrufen. In ihrer Ahnungslosigkeit wird seine heftige Reaktion sie überraschen. Da Elfriede sich wie im öffentlichen Raum benimmt, kann es aber auch sein, dass sie Peters Glauben stärkt, der Standort „B" gehöre nicht zu ihm.

Wie wir sehen, löst eine unklare, nicht definierte Grenze Verwirrung aus, sowie unnötige Irritationen und lästige Missverstände. Die nachvollziehbaren Fehleinschätzungen und Fehlinterpretationen können auf die Dauer zu gravierenden Beziehungsstörungen und zunehmendem psychischen Leid führen.

Kapitel VIII

Grenzüberschreitungen sind kein Zeichen der Stärke

Carina ist eine 28-jährige Frau, die erzählt, dass ihr Leben aus den Fugen geraten sei. Ihre jetzige Lebensführung stimme für sie nicht mehr. Dies äußert sich im Alltag u.a. mit zunehmender Gereiztheit, impulsivem Verhalten gegenüber den Arbeitskollegen und fehlender Lebensenergie. Eine zehnjährige Beziehung hat sie vor ca. einem Dreivierteljahr beendet, nachdem es immer häufiger zu Eskalationen kam.

Carina spürt, dass in ihrem Leben ein Richtungswechsel vollzogen werden muss.

Anliegen
Carina glaubt, dass das Bewusstwerden ihrer Grenzen die Voraussetzung bildet für die nächsten Entwicklungsschritte.

Carina bildet mit den Kaplahölzchen ihre psychische Grenze nach.

Klaus B.: „Wie ging es Ihnen, als Sie Ihren Raum und Ihre Grenzen veranschaulicht haben?“ (siehe Abb. 8.1)
Carina: „Es war nicht einfach meine jetzige Situation wiederzugeben.“
Klaus B.: „Waren Sie nervös?“
Carina: „Nein, eigentlich nicht.“
Klaus B.: „Wie ist das entstandene Bild für Sie?“
Carina: „Das stimmt für mich, so sieht es gegenwärtig bei mir aus.“
Klaus B.: „Was ist das für ein Gefühl?“
Carina: „Ich spüre eine Lähmung.“
Klaus B.: „Wie macht sich diese bemerkbar?“
Carina: „Ich spüre eine Schwere im Brustbereich.“
Klaus B.: „Wie geht es Ihnen, wenn Sie dort (zeigt auf die Figur) in Ihrem Raum stehen?“

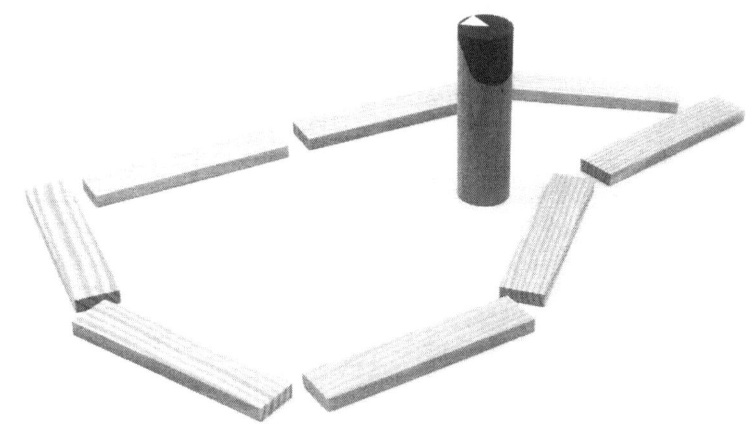

Abbildung 8.1

Carina: „Ich habe gemischte Gefühle, ich merke Positives und Negatives. Ein negativer Aspekt ist, dass im Grenzbereich vor mir an mehreren Orten eine durchlässige Stelle vorhanden ist. Dadurch werden Dinge an mich herangetragen, die mir nicht gut tun.
Positiv ist für mich zu sehen, dass die Grenze unterschiedlich weit von mir entfernt ist. Einerseits komme ich schnell an meine Grenze und andererseits habe ich einiges an Bewegungsraum zur Verfügung, bevor ich an meine Grenze stoße. Ich finde beides gut, je nach Situation."

Klaus B.: „Schauen wir den Abstand zur Grenze einmal zusammen an, ist das o.k.?"

Carina: „Ja, natürlich."

Klaus B. nimmt Carinas Figur und bewegt sie zu einer naheliegenden Grenze. (siehe Abb. 8.2)

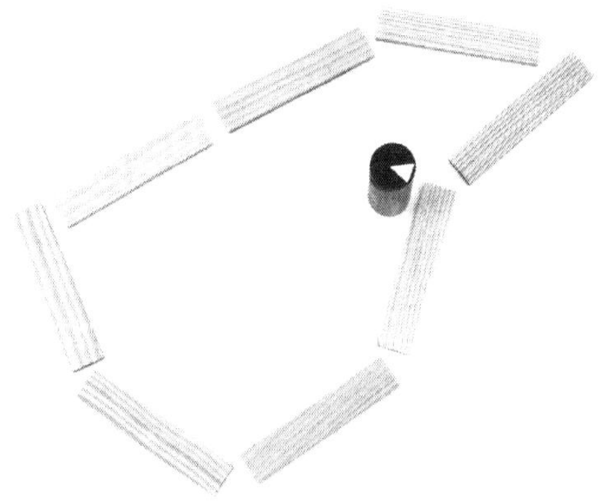

Abbildung 8.2

Klaus B.: „Wie ist das jetzt für Sie, wenn Sie schnell an Ihrer Grenze angelangt sind?“

Carina: „Beklemmend, weil ich jetzt keinen Spielraum mehr habe.“

Klaus B.: „Und wenn Sie sich von der Ausgangsposition nach links bewegen, zur weiter entfernten Grenze, wie ist das für Sie?“ (siehe Abb. 8.3)

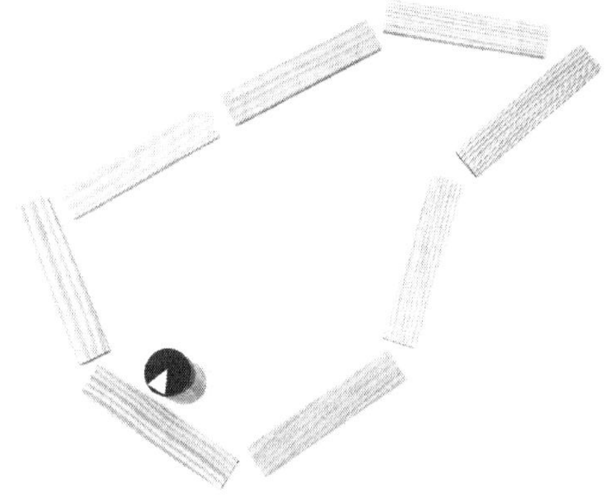

Abbildung 8.3

Carina: „Dabei ist mir auch nicht ganz wohl, obwohl ich jetzt viel mehr Raum hinter mir habe."

Klaus B.: „Und wie war der Weg dorthin?"

Carina: „Das war eine angenehme Bewegung."

Klaus B.: „Welchen Unterschied empfinden Sie, wenn Sie hier an Ihrer Grenze stehen oder am früheren Ort?"

Carina: „Hier kann ich besser atmen."

Klaus B.: „Vorher kamen Sie schnell an Ihre Grenze (siehe Abb. 8.2), würden Sie diese auch überschreiten?"

Carina: „Nein, das mache ich nicht, da ist klar ein Stoppsignal."

Klaus B.: „Hat dieses Stoppsignal eine Qualität?"

Carina: „Es kann Angst wie auch Vorsicht bedeuten."

Klaus B.: „Schauen wir einmal, wenn Sie trotz diesem Stoppsignal Ihre eigene Grenze von innen nach außen überschreiten, wie das sein wird. Möchten Sie dies einmal ausprobieren, oder soll ich die Figur bewegen?"

Carina: „Sie dürfen das gerne machen."

Klaus B. stellt Carinas Figur über ihre Grenze in den umliegenden Raum. (siehe Abb. 8.4)

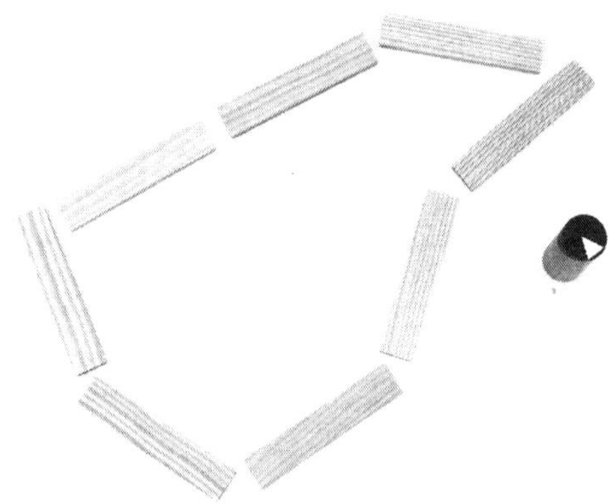

Abbildung 8.4

Carina: „Das macht mich nervös. Ich bin jetzt in einem Territorium, wo ich gar nicht sein möchte. Ich darf und soll mich hier nicht aufhalten."
Klaus B.: „Wieso dürfen Sie sich hier nicht aufhalten, wer sagt das?"
Carina: „Ich selber."
Klaus B.: „Möchten Sie Ihren Standort wechseln?"

Carina nimmt ihre Figur und stellt sie wieder in ihren Raum, mit Blick nach vorne (dieselbe Richtung wie am Anfang).

Klaus B.: „Und wie wäre es, wenn Sie auf der Vorderseite bei einer durchlässigen Stelle hinausgehen würden?"

Carinas Figur steht jetzt außerhalb ihres Raumes. (siehe Abb. 8.5)

Carina: „Dass ich jetzt über meine eigene Grenze gegangen bin, spielt zurzeit keine Rolle. Das ist o.k., wenn ich dort stehe, das ist ein neutrales Gefühl."
Klaus B.: „Wie ist das für Sie, wenn Sie von außen Ihren eigenen psychischen Innenraum sehen können?"
Carina: „Wenn ich mit dem Rücken zum eigenen Raum stehe, ist er wie nicht mehr vorhanden. Jetzt, wo ich mich umgedreht habe und meinen Raum sehen kann, möchte ich zurück."

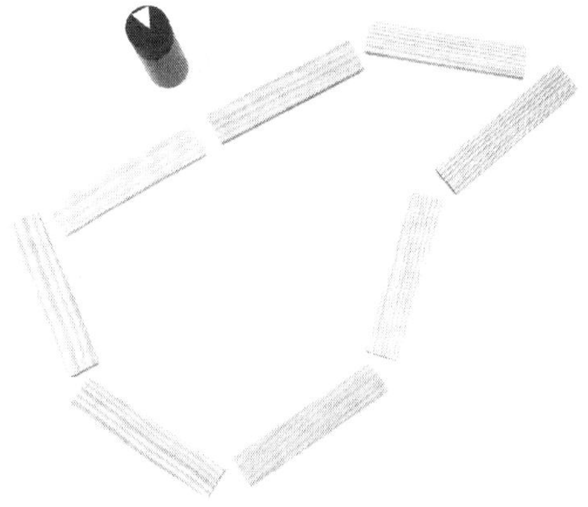

Abbildung 8.5

Klaus B.: „Wenn Sie mit dem Rücken zu Ihrem Raum stehen und wenn er nicht mehr sichtbar ist, entsteht dann ein Unterschied, ob Sie nahe beim Raum oder weiter entfernt zu Ihrem Raum stehen?"
Carina: „Nein, eigentlich nicht."

Klaus B.: „Haben Sie das schon einmal ausprobiert?"
Carina: „Ja, sicher."
Klaus B.: „Wollen sie es jetzt mal machen?"
Carina: „Ja."

Carina stellt ihre Figur etwa drei Meter von ihrem Raum entfernt auf einen anderen Tisch, mit dem Rücken gegen ihren Raum gerichtet.

Klaus B.: „Wie ist das für Sie?"
Carina: „Kein Unterschied."
Klaus B.: „Und wenn Sie aus der Ferne Ihren eigenen Raum sehen (Klaus B. dreht Carinas Figur um 180°), ändert sich dann etwas?"
Carina: „Das ist unangenehm, so weit hätte ich nicht gehen sollen."
Klaus B.: „Warum nicht?"
Carina: „Dort ist es unsicherer, ich bin verletzlicher."
Klaus B.: „Was empfinden Sie als verletzlicher, wenn Sie persönlich dort stehen, oder wenn Sie Ihren inneren Raum sehen, ohne Ihre Anwesenheit?"
Carina: „Beides, ich glaube beides."
Klaus B.: „Lassen Sie es uns einmal ausprobieren, ist das für Sie in Ordnung?"
Carina: „Ich bin gespannt."

Klaus B. stellt eine weibliche Figur auf den drei Meter entfernten Tisch neben Carinas Figur.

Klaus B.: „Wie ist das für Sie?"
Carina: „Jetzt bin ich nicht alleine, das ist angenehm."
Klaus B.: „Und wie ist es mit der Verletzbarkeit?"
Carina: „Die ist groß."
Klaus B.: „Sie sind sehr verletzbar und es ist trotzdem angenehm?"
Carina: „Ja."

Klaus B.: „Ist das ein Widerspruch?"
Carina: „Nein, für mich nicht."
Klaus B.: „Darf ich einen Vorschlag machen?"
Carina: „Ja, natürlich."

Klaus B. stellt die fremde weibliche Figur vor eine durchlässige Stelle von Carinas Grenze, während Carinas Figur selbst auf dem entfernten Tisch zuschaut. (siehe Abb. 8.6)

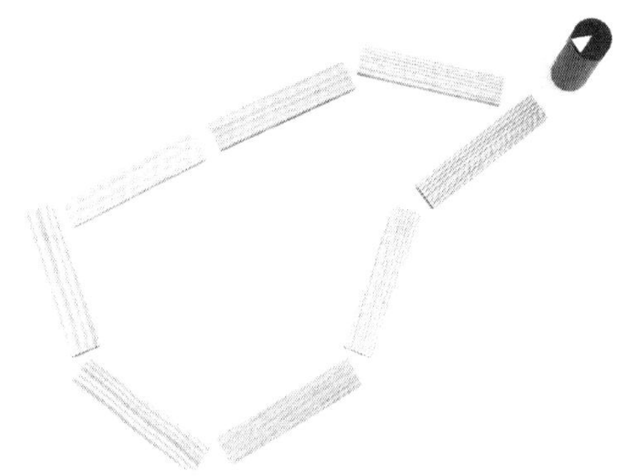

Abbildung 8.6

Carina: „Das ist unangenehm zu sehen, dass da eine Person sich meiner Grenze nähert und ich mich nicht dagegen wehren kann. Mein Weg dorthin ist zu lange. Ich kenne dieses Gefühl."
Klaus B.: „Ich mache noch ein Vorschlag, ist das o.k.?"
Carina: „Ja."

Klaus B. stellt die weibliche Figur in Carinas Raum.

Carina: „Das macht mich nervös, ich spüre eine Angst aufkommen. Ich ärgere mich, dass ich soweit weg bin."
Klaus B.: „Was hat Sie denn so weit weggeführt?"
Carina: „Nachgiebigkeit, meine Kompromissbereitschaft."
Klaus B.: „Hat dies etwas mit dieser weiblichen Person zu tun?"
Carina: „Nein, das hat nichts mit ihr zu tun."
Klaus B.: „Weiß diese Person, dass Sie soweit von Ihrem Raum entfernt sind?"

Carina: „Ja, das weiß sie."
Klaus B.: „Was macht diese Person in Ihrem Raum?"
Carina: „Unruhe stiften, mich verunsichern, mir zeigen, dass es möglich ist, meine Grenze zu überschreiten."
Klaus B.: „Das Letzte klingt ein wenig belehrend, das andere fast bösartig, stimmt das?"
Carina: „Ja."
Klaus B.: „Spüren Sie dort in der Ferne einen Bewegungsdrang?"
Carina: „Nein, ich bleibe stehen. Ich schaue aus sicherer Distanz zu, was die Frau in meinem Raum macht. Ich habe Angst, etwas zu unternehmen. Ich müsste dann handeln, eingreifen, so dass sie wieder hinausgeht. Ich glaube nicht, dass ich fähig wäre, sie dazu zu bringen, aus meinem Raum zu gehen."
Klaus B.: „Weil sie stärker ist?"
Carina: „Mit dem Überschreiten meiner Grenze hat sie Stärke gezeigt. Wie kann ich ihr das jetzt noch nehmen?"
Klaus B.: „Geht sie von sich aus wieder aus dem Raum?"
Carina: „Ja, darum kann ich auch warten."
Klaus B.: „Wie lange kann dies dauern?"
Carina: „Minuten bis Wochen."
Klaus B.: „Und Sie bleiben dort wochenlang stehen?"
Carina: „Ja, ich mache nichts anderes, ich beobachte nur."
Klaus B.: „Ist dies schade um Ihre Zeit?"
Carina: „Das mag sein, dies ist es mir wert. Die Angst hinzugehen ist einfach zu groß."
Klaus B.: „Sollen wir einmal ausprobieren, was passiert, wenn Sie zuerst nahe an Ihren eigenen Raum gehen und von außen die fremde Person in Ihrem Raum stehen sehen?" (siehe Abb. 8.7)

Carina: „Sie ist mir zu nahe, das sehe ich jetzt klar. Ich will rückwärts gehen, ich möchte eine größere Distanz zu ihr."
Klaus B.: „Folgen wir einmal einer anderen Bewegung, ist das für Sie in Ordnung?"
Carina: „Ja."

Klaus B. stellt Carinas Figur in ihren Raum, gegenüber der anderen weiblichen Person.

Abbildung 8.7

Carina: „Jetzt spüre ich einen Bewegungsdrang, ich möchte auf sie zugehen. Wenn ich innerhalb meiner Grenze stehe, gibt mir dies einen Rückhalt. Außerhalb meines Raumes stehe ich ‚im Abseits'. Ich spüre eine Wut aufkommen."
Klaus B.: „Auf die Figur zuzugehen löst bei Ihnen eine Wut aus?"
Carina: „Ja."
Klaus B.: „Versuchen Sie dies einmal."

Carina stellt ihre Figur der anderen Person hautnah, frontal gegenüber.

Klaus B.: „Sagen Sie ihr etwas?"
Carina: „Ja, dass sie sofort meinen Raum zu verlassen hat. Das tut gut."
Klaus B.: „Geht sie?"
Carina: „Erst, wenn ich es ihr ein zweites Mal sage."
Klaus B.: „Versuchen sie es noch einmal."
Carina: „Du sollst sofort meinen Raum verlassen!"
Klaus B.: „Können Sie zeigen, wie sie geht?"

Carina bewegt die Person rückwärts aus ihrem Raum und stellt sie außerhalb, vor der durchlässigen Stelle, wo sie hereingekommen ist, hin.

Carina: „Das ist eine Erlösung. Ich spüre aber auch eine Angst, es könnte sich wiederholen. Ich muss meine Grenze besser schließen."

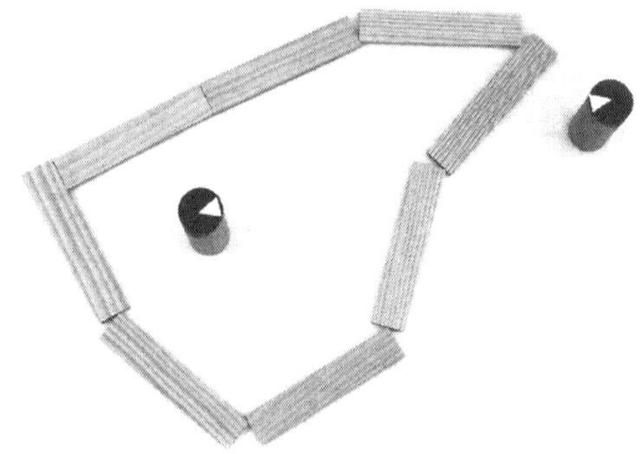

Abbildung 8.8

Carina verschiebt die Latten, nur ein paar wenige Zentimeter, so dass die Spalten geschlossen sind. (siehe Abb. 8.8)

Klaus B.: „Habe ich das richtig verstanden: Sie haben jetzt das Gefühl, die andere Frau könnte nicht mehr hereinkommen?"

Carina: „Ja."

Klaus B.: „Ist die Barriere jetzt groß genug? Wenn ich mir das in Wirklichkeit vorstelle, ist sie nicht höher als 30 cm, das ist ein kleines Hindernis."

Carina: „Ich habe die Grenze jetzt geschlossen, ich kann sie im gleichen Moment nicht auch noch höher machen. Ich denke, das geht nicht. Ich glaube, dafür benötige ich mehr Zeit, dafür bräuchte es einen Prozess."

Klaus B.: „Wenn der Prozess jetzt stattfindet, können Sie Ihre Abgrenzung höher machen?"

Carina: „Ich wüsste gar nicht, wie ich das machen könnte. Ich kann mir das gar nicht vorstellen."

Klaus B.: „War denn Ihre Abgrenzung nie höher?"

Carina: „Nein, die war nie höher."

Klaus B.: „Können Sie sich vorstellen, dass jemand anderes eine höhere Grenze hat?"

Carina: „Ja, das kann ich."

Klaus B.: „Haben Sie eine Idee oder ein Gefühl, warum Sie bisher nie eine höhere Grenze gehabt haben?"

Carina: „Ich glaube, zuerst muss die Grenze geschlossen werden, bevor sie in die Höhe wachsen kann. Es macht doch keinen Sinn, dass eine Grenze höher wird, wenn sie sowieso durchlässig ist."

Klaus B.: „Also, die durchlässigen Stellen sind der bestimmende Faktor, der dazu führte, dass Ihre Grenze nicht in die Höhe wachsen konnte?"

Carina: „Ja."

Klaus B.: „Wie sind die durchlässigen Stellen entstanden?"

Carina: „Das ist schon lange her."

Klaus B.: „Hat sich Ihre Grenze einfach so entwickelt oder gibt es auch äußere Faktoren, die dabei eine Rolle gespielt haben?"

Carina: „Da gibt es wichtige Personen. Zum Beispiel mein Vater. Ich denke mein Vater war bedeutsam."

Klaus B.: „Ihr Raum hat etwas Asymmetrisches, hat ihr Vater diese Form auch geprägt?"

Carina: „Ja. Für mich wäre es schöner, wenn mein Raum rund wäre. Ich habe lieber einen kleinen, runden, geschlossenen Raum, als einen großen, offenen."

Klaus B.: „Wenn es während Ihrer Kindheit keine hemmenden Einflüsse gegeben hätte in Bezug auf die Bildung Ihres Raumes und seine Grenze, wie würden Ihr Raum und Ihr Zaun jetzt aussehen?"

Carina: „Größer, die Oberfläche wäre sicher zweimal so groß. Das macht mich wütend, wenn ich dies jetzt so feststelle. Da ist viel brachliegendes Land."

Klaus B.: „Möchten Sie einmal die Abgrenzung erhöhen?"

Carina: „Wie?"

Klaus B.: „Mit Holzlatten erhöhen?"

Carina legt auf alle vorhandenen Latten überall noch zwei obendrauf.

Carina: „Das ist ein Riesenunterschied, das gibt mir viel mehr Sicherheit."

Klaus B.: „Die weibliche Person kann aber immer noch relativ einfach über Ihre Grenze steigen? Ihr subjektives Sicherheitsgefühl entspricht nicht der wirklichen Sicherheit. Stimmt das?"

Carina:	„Ja, ich müsste die Abgrenzung noch höher machen."

Carina macht die Abgrenzung noch höher, indem sie noch zwei weitere Latten darauflegt.

Carina:	„Ich habe jetzt damit schon sehr viel erreicht."
Klaus B.:	„Möchten Sie das brachliegende Stück Land mit einschließen?"
Carina:	„Ja, wenn ich mir das so vorstelle, löst das in mir ein schönes Gefühl aus. Darf ich das jetzt machen?"
Klaus B.:	„Ja."

Carina macht ihren Raum größer. (siehe Abb. 8.9)

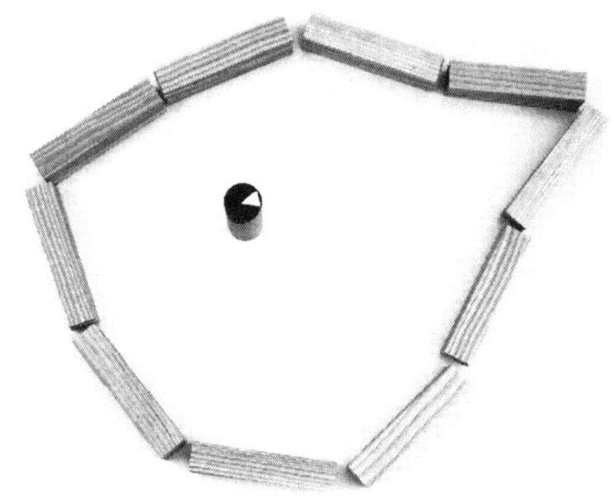

Abbildung 8.9

Klaus B.:	„Wie ist das für Sie?"
Carina:	„Ein wunderbares Gefühl. Ich glaube, es wird mir vorläufig nicht gelingen, eine völlig runde Form zu gestalten. Es ist ein sehr angenehmes, luftiges Gefühl."
Klaus B.:	„Darf ich ihre Figur wieder auf den drei Meter entfernten Tisch stellen, so dass sie von dort aus auf Ihren Raum schauen?"
Carina:	„Ja, bitte."

Klaus B.: „Wie ist das jetzt im Vergleich zu vorher für Sie?“
Carina: „Gut zu wissen, dass niemand mehr ohne meine Erlaubnis hereinkommen kann. Trotzdem will ich wieder zurück in meinen Raum.“ (siehe Abb. 8.10)

Abbildung 8.10

Klaus B.: „Sollen wir zum Schluss noch etwas ausprobieren?“
Carina: „Ja, das ist gut.“

Klaus B. stellt Carinas Figur wieder in ihren Raum und eine neue Person dazu.

Klaus B.: „Wie ist das, wenn diese Person Sie gefragt hätte, ob sie Sie in Ihrem Raum besuchen dürfte und Sie diese Person willkommen geheißen hätten? Wie ist das, wenn Sie beide in Ihrem Raum stehen?“
Carina: „Ein sehr schönes Gefühl. Da nimmt jemand mit Respekt an meinem tiefsten Innern teil.“
Klaus B.: „Sollen wir es hierbei belassen oder möchten sie noch etwas sagen?“
Carina: „Wenn es ein Kochrezept gäbe, wie ich dies alles umsetzen könnte, wäre ich die Erste, die sich das wünschte.“
Klaus B.: „Sie haben das Rezept schon bekommen und gekocht haben Sie auch schon. Sie haben ein inneres Bild nach außen getragen und jetzt können Sie das neue, geänderte, äußere Bild verinnerlichen. Das geht von selbst.“

Nachtrag Carina

Carina schaut aus der Ferne zu, wie eine weibliche Person in ihren Raum eindringt. Sie bleibt stehen, sieht aus sicherer Distanz zu, was die Frau in ihrem Raum anrichtet. Carina hat Angst, etwas zu unternehmen, sie müsste dann handeln und eingreifen. Sie glaubt, dass die Frau stärker ist als sie und sagt: „Mit dem Überschreiten meiner Grenze hat die Frau Stärke gezeigt".

Auf dieses Missverständnis möchte ich hier eingehen. Carina ist nicht die Einzige, die glaubt, dass eine unerlaubte Grenzüberschreitung ein Zeichen der Stärke ist. Viele glauben dies. Von wo kommt dieser Irrtum?

Oft erleben wir als Kind bereits die ungewünschten Grenzüberscheitungen durch unsere Eltern. Leider sind nur wenige Eltern sich ihrer Verantwortung betreffend der Grenze ihrer eigenen Kindern bewusst. Die meisten Überschreitungen werden gedankenlos gemacht, was nicht bedeutet, dass sie dadurch schmerzlos sind. Viele Kinder müssen diese absichtslosen Missachtungen ihrer Grenze schon ganz früh erleben. Weil das Kind keine Chance hat, sich zur Wehr zu setzen und es die Eltern als übermächtig wahrnimmt, werden die Grenzüberschreitungen meistens als Stärke empfunden. Die Eltern sind groß und stark, die Kinder sind klein und schwach. Sie sind der Achtlosigkeit der Eltern ausgeliefert.

Wenn gleichaltrige Kinder miteinander spielen, sehen wir sowohl bei Jungen wie auch bei Mädchen, wie sie das vorgeführte Verhalten ihrer Eltern nachspielen. Sie zeigen ihre Größe und Macht, indem sie wie ihre Eltern ihre Stärke mit Grenzverletzungen zum Ausdruck bringen. Ihr unkontrolliertes grenzüberschreitendes Benehmen kann oft grausam sein.

Wo es in Paarbeziehungen um Macht geht, droht schon schnell die Gefahr, dass die Auseinandersetzung auf Kosten der Grenzachtung stattfindet. Wer die anderen verletzen kann, glaubt der Stärkere zu sein. Die Einsicht, dass es eine Stärke auf einer ganz anderen Ebene gibt, bewirkt Neues. Wenn Stärke durch Respekt und Selbstachtung geprägt ist, kann sie zu einer Reife und konstruktiven Kooperation mit dem Gegenüber führen. Dieser Umgangstil sollte für unsere Kinder von klein auf als wirkliche Stärke dargelegt und vorgelebt werden.

Eine zweite wichtige Korrektur benötigt die Ansicht, dass es immer einen sogenannten Stärkeren geben wird, dem wir im psychischen Bereich hilflos ausgeliefert sind. Wenn wir als Erwachsene eine ausgeglichene, gefestigte Abgrenzung haben, ein Eingangstor, wozu nur wir den passenden Schlüssel haben, gibt es keine Person, die ungewünscht Ansichten, Aufgaben oder

Verantwortung in unserer Innenwelt hinterlassen oder uns wegnehmen kann. Wir brauchen uns mit einem kräftigen, stabilen und umgebenden Schutz vor niemandem zu fürchten. Niemand wird mit belastenden Gefühlen, Ansichten oder Erfahrungen in unsere Gefühls- oder Erfahrungswelt eindringen können. Wir können innerlich so gefestigt sein und so einen sicheren Schutz besitzen, dass wir jeden vor der Tür stehen lassen können. Oft ist dies das Beste, was wir für uns selbst tun können. Wir dürfen uns erlauben, bedrohliche Personen außerhalb unserer Gefühlswelt stehen zu lassen. Wir müssen uns nicht von schwächenden Glaubenssätzen abbringen lassen. So wird die bedrohliche Person wahrscheinlich von sich aus von uns abwenden und uns in Zukunft in Frieden lassen.

Am Schluss der 3D-GV schaut Carina nochmals aus der Ferne auf ihre Innenwelt mit ihrer neuen, starken und kräftigen Abgrenzung. Sie sieht, wie es der unachtsamen Frau nicht mehr gelingt, ihre Grenze zu überschreiten. Zuversichtlich, konzentriert und ohne Angst kann Carina sich jetzt ihrer Tätigkeit im öffentlichen Raum widmen.

Im vierten Kapitel haben wir uns schon damit befasst, wie Bilder oder Vorstellungen eine heilende Wirkung haben können. Wir haben die Arbeit von Achterberg und Simonton aus den 80er Jahren erwähnt und gesehen, wie auch andere Heilmethoden die Kraft der Imagination zur Therapie anwenden. In diesem Kapitel werden wir eine Verbindung machen zwischen den 3D-GV und den neuesten Erkenntnissen der Hirnforschung.

Wir haben in mehreren Fallbeispielen gesehen, wie spezielle Ereignisse unsere Grenze prägend ändern können. Nicht nur einschneidende Vorkommnisse bestimmen die Form, die Durchlässigkeit und die Höhe unserer Grenze, sondern auch unsere alltäglichen Erfahrungen sind von zumindest gleichwertiger Bedeutung. Es ist wahrscheinlich, dass die Gestaltung unserer Abgrenzung, die Entstehung unseres Selbstbildes, das Bewusstwerden unseres Ichs, eine lebenslange Fortentwicklung ist. Die Strukturierung unseres psychischen Raumes mit seiner Grenze ist die Folge einer ständigen Heranbildung, die sich wahrscheinlich für einen wichtigen Teil im Stirnbereich, im prefrontalen Cortex abspielt.

Interessante Beobachtungen bei Wasserflöhen zeigen, dass diese – wenn sie in ein Aquarium gesetzt werden, in dem es keine Feinde hat – keinen Helm und keinen Stachelschwanz entwickeln. Wenn man einen genetisch identischen Klon in ein Aquarium setzt, dem man den chemischen Duft eines Fisches zugesetzt hat, der Wasserflöhe als seine Ernährung betrachtet, dann wachsen den Flöhen ein Helm und ein langer, dorniger Schwanz. Dies geschieht, weil man das Tier einem bestimmten Umweltsignal, der Wahrnehmung einer Bedrohung ausgesetzt hat (5). Dieses Beispiel zeigt, wie einfach differenzierte Lebewesen auf Umweltbedrohungen reagieren. Auch wir Menschen lernen in unserer Kindheit, wie eine Grenze aussehen soll oder darf, und passen unser Verhalten der gebildeten Grenze an. Wir Menschen können uns eine hochkomplexe Muttersprache aneignen, das Aufrechtgehen erlernen und immer subtilere Bewegungsabläufe erwerben. Diese Fähigkeiten erarbeiten wir uns durch tägliches unbewusstes Üben oder aufmerksames Trainieren. So eignen wir uns auch eine Grenzachtung, ein Abwehrverhalten und ein zwischenmenschliches Austauschrepertoire an. Dies wird Sozialisation oder auch emotionale oder soziale Intelligenz genannt. Für dieses Erlernen von zwischenmenschlichem Verhalten werden spezielle Nervenzellen miteinander verknüpft, werden Neuronen miteinander verbunden, werden Schaltkreise hergestellt, es kommt zu Zusammenballungen von Nervenzellen. Diese Transformationsfähigkeit des Gehirns nennt man Neuroplastizität (13). Bis vor kurzem glaubte man, dass das menschliche Gehirn im Alter von ca. 20 Jahren voll entwickelt ist und es sich anschließend nur noch abbauen würde. Seit ca. 15 Jahren weiß man, dass das Gehirn nicht ein unveränderliches, stabiles, festverdrahtetes Neuronenkonstrukt ist, sondern ein sich dauernd änderndes, anpassungsfähiges, modulierbares Organ. Mit 100 Milliarden Nervenzellen und 100 Billionen Nervenverbindungen können wir bis ins hohe Alter neue, neuronale Schaltkreise aufbauen und ungewünschte aufgeben. Diesen Änderungsprozess, diese Adaption verläuft zum Teil unbemerkt gedankenlos und teilweise auch als aktives Ablernen und Erlernen. Im Bereich der Beziehungen, des zwischenmenschlichen Verhaltens, nennt man dieses Abgewöhnen von hemmenden oder nicht mehr zeitgemäßen Mustern und das Erwerben von neuen geeigneten Beziehungsverhalten Psychotherapie. Auf der Hirnnervenebene könnte man es auch bewusst und gezieltes Stimulieren und Unterstützen der Neuroplastizität nennen. Untersuchungen haben gezeigt, dass Aufmerksamkeit und bewusstes Üben neurale Aktivität erhöhen und somit die Neuroplastizität fördern. Mit dem Visualisieren des inneren unbewussten Bildes unserer persönlichen Grenze gelingt es uns, unsere Aufmerksamkeit gezielt auf unsere Abgrenzung zu fokussieren. Durch das Sehen unseres inneren Grenzbildes gelingt es uns wissentlich und gewollt, unsere Grenze zu beeinflussen. Funktionelle, bildgebende Verfahren haben gezeigt, dass, wenn wir uns geistig ein Bild von irgendetwas vorstellen, dieselben Hirnareale aktiv werden, wie wenn wir dieses Bild in Wirklichkeit sehen würden (23). Wenn wir also unsere Grenze, unseren psychischen

Raum in der 3D-GV sehen und realisieren wie in der dargestellten Beziehungssituation, eine Frau ohne Erlaubnis in unsere Gefühlswelt eintritt, werden wahrscheinlich gleiche Hirnareale aktiv, wie wenn wir diese Situation in Wirklichkeit erleben würden. Dies erklärt auch, weshalb wir während der 3D-GV-Sitzungen situationsspezifische Gefühle wieder erkennen und körperlich stark auf die ersichtlichen Konstellationen reagieren. Aufgrund dieses Phänomens können wir annehmen, dass das Erleben einer 3D-GV eine Aktivierung der gleichen Hirnzentren und Schaltkreisen zur Folge hat, als wenn wir diese im realen Leben erfahren würden. So kann durch die neuen Bilder und die neuen Verhaltensoptionen eine neuroplastische Änderung bewirkt werden. Indem wir das Endbild mit der neuen schutz-, sicherheits- und freiheitsgebenden Grenze uns immer wieder vor dem inneren Auge vorstellen, werden die neuen, neuronalen Verknüpfungen gestärkt.

Dieses Erlernen von neuem Beziehungsverhalten könnte man vergleichen mit dem Erlernen einer neuen Sprache. Mit der 3D-GV wird der Erwerb einer neuen psychischen Grenz-, Austausch- und Beziehungssprache möglich.

Stellen Sie sich ein Mädchen vor, das in Portugal aufgewachsen ist. Um psychisch, aber auch materiell überleben zu können, muss es Portugiesisch lernen. So lernen wir als Kind auch eine emotionale Beziehungssprache, die es uns ermöglicht, in unserer Familie und später in der Schule, wie auch Kultur zu überleben. Stellen Sie sich nun vor, dass das Mädchen unterdessen eine erwachsene Frau ist, die mit ca. 30 Jahren in ein deutschsprachiges Land emigriert. Wenn sie sich nicht an die neuen Lebensumstände anpasst, nicht Deutsch lernt und nach wie vor nur Portugiesisch spricht, wird dies zu einem zunehmenden Hindernis werden. Sie wird sich gesellschaftlich isolieren, keine Arbeit oder nur eine sehr einfache Arbeit finden, keine deutschen Nachrichten verstehen oder deutsche Zeitungen lesen können und sich nicht im neuen Umfeld integrieren können. Genau dasselbe geschieht mit uns, wenn wir ein Leben lang die in der Kindheit erlernte zwischenmenschliche Beziehungssprache sprechen und nicht merken, dass sich die Umstände stark verändert haben und die alte emotionale Sprache nicht mehr geeignet ist. Jede Lebensphase benötigt wahrscheinlich ihre eigene, emotionale Ausdrucksweise. Wir wissen jetzt, dass wir bis ins hohe Alter eine neue Sprache erlernen können. Zuerst muss uns jedoch bewusst werden, dass die alte Redeweise zum jetzigen Zeitpunkt nicht mehr adäquat ist. Wenn wir dies eingesehen haben, und uns entschieden haben, eine neue emotionale Sprache zu lernen, benötigen wir gegebenenfalls einen Sprachlehrer. Vielleicht genügt aber auch ein gutes Wörterbuch, eine Sprachkurs-Software, ein konzentriertes Radiohören und ein geduldiges Üben. Unabhängig von der Lernmethode werden wir schnell merken, dass es Spaß macht und Freude bereitet, eine erste einfache Konversation führen zu können, eine erste Zeitung lesen zu können oder, wenn wir bei unserem Thema bleiben, unseren psychischen Raum schützen zu lernen und den zwischenmenschlichen Austausch bewusst steuern lernen. Die 3D-GV ermöglicht uns, die neue von der alten Grenzsprache zu unterscheiden. Wir werden uns daraufhin täglich in vielen Situationen an unserer schutzgebenden, sicherheitsspendenden und freiheitsbringenden eigenen Grenzsprache erfreuen können.

Kapitel IX

Kinder imitieren die Ich-Grenzdynamik der Eltern

Rebekka ist 36 Jahre alt, sie hat seit zwei Jahren eine feste Beziehung und arbeitet sehr engagiert als Sozialarbeiterin. Mit ihrem Freund hat sie genaue Zukunftsvorstellungen. Sie merkt jedoch, dass es für einen nächsten bedeutenden Schritt noch Wichtiges zu klären gibt. Sie fühlt sich von ihren Eltern zu wenig unterstützt und in ihrem Wesen nicht wahrgenommen. Dies löst bei ihr eine große Unsicherheit und Trauer aus, welche sie in ihre Beziehung überträgt.

Anliegen
Rebekka formuliert ihr Anliegen folgendermaßen: Sie glaubt, sich nicht vor ihren Eltern schützen zu dürfen. Zudem weiß sie gar nicht, wie sie sich schützen könnte, da sie keine Ahnung hat, wo ihre Grenzen sind.

Rebekka stellt ihr inneres Grenzbild auf. (siehe Abb. 9.1)

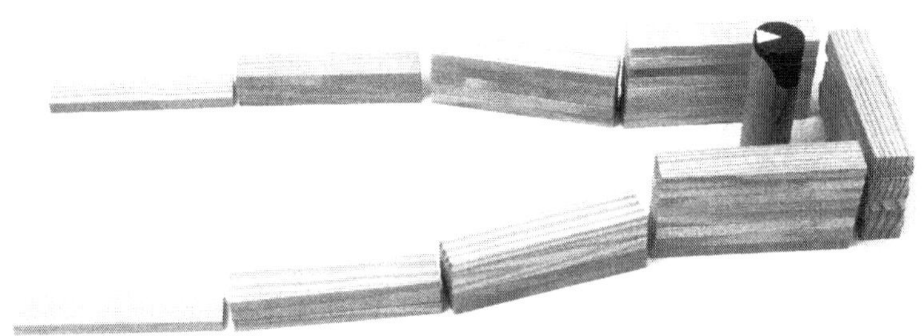

Abbildung 9.1

Klaus B.: „Sie haben Ihre Abgrenzung Ihres psychischen Raumes sehr sorgfältig hergestellt. (siehe Abb. 9.1) Was haben Sie dabei empfunden?"

Rebekka: „Ich merkte, dass die Höhe der Abgrenzung sehr wichtig für mich ist. Zudem ist es auch wichtig für mich, dass meine Grenze nach vorne offen ist, ich möchte gerne ins Freie, in die Weite schauen können."

Klaus B.: „Und wie geht es Ihnen dabei?"

Rebekka: „Es ist irgendwie eng, ich kann mich nicht ausdehnen, wie ich das gerne tun würde. Wenn ich meine Arme seitwärts ausstrecken würde, käme ich sofort an meine Abgrenzung. Das ist unangenehm."

Klaus B.: „Möchten Sie sich innerhalb Ihres Raumes bewegen?"

Rebekka: „Ja, ich würde gerne in die Mitte des Raumes gehen."

Rebekka stellt ihre Figur in das Zentrum. (siehe Abb. 9.2)

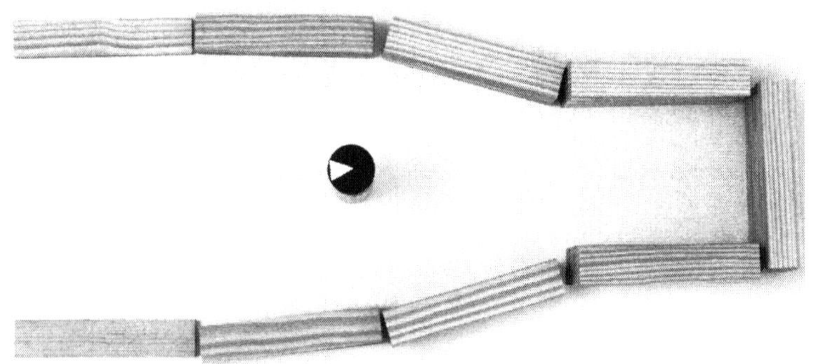

Abbildung 9.2

Rebekka: „Das ist besser so, ich habe ein größeres Blickfeld und mehr Bewegungsfreiheit. Die hohe Mauer hinter mir empfinde ich jetzt als störend, wie eine Belastung. Ich merke jetzt, dass mein Innenraum nach vorne zu offen ist und ich die Grenze an der Seite auch gerne ein bisschen höher hätte."

Klaus B.: „Was passiert, wenn Sie sich um 180° drehen würden?"

Klaus B. dreht Rebekkas Figur um, so dass sie gegen die Mauer schaut.

Rebekka: „Ich will auf keinen Fall dorthin gehen, das ist eine Sackgasse. Die hohe Grenze nimmt mir meine Sicht, ich sehe nicht viel und es kommt eine Wut in mir auf."

Klaus B.: „Was ist das für eine Wut?"

Rebekka: „Eine zerstörerische, ich möchte die Mauer dort mit brachialer Gewalt abreißen."

Klaus B.: „Also, wenn Sie dort hinschauen, dann sehen Sie etwas, was Sie gar nicht dort haben wollen?"

Rebekka: „Ja."

Klaus B.: „Und wie ist dies dorthin gekommen?"

Rebekka: „Es ist so gewachsen. Es hat etwas mit meinen Eltern zu tun."

Klaus B.: „Diese hohe Mauer bietet Ihnen ja auch Schutz."

Rebekka: „So habe ich das nie erlebt, ich empfinde es mehr als Bewegungseinschränkung. Mein Kopf war zum Glück noch frei."

Klaus B.: „Sie haben gesagt, dieser Teil der Abgrenzung habe mit Ihren Eltern zu tun. Hat es mit beiden Elternteilen gleich viel zu tun, oder eher nur mit einem Teil?"

Rebekka: „Eher mit meiner Mutter."

Klaus B.: „Darf ich eine zweite weibliche Figur dazu nehmen?"

Rebekka: „Ja, das ist in Ordnung."

Klaus B.: „Wenn diese Figur ihre Mutter darstellen würde, wo würden Sie Ihre Mutter hinstellen?"

Rebekka stellt die Figur ihrer Mutter ganz nahe zur hinteren hohen Mauer. (Abb. 9.3)

Rebekka: „Ja, so sieht es heute aus. Das ist unangenehm. Sie hat etwas Kontrollierendes. Sie macht hinter meinem Rücken Dinge, die ich nicht sehen kann."

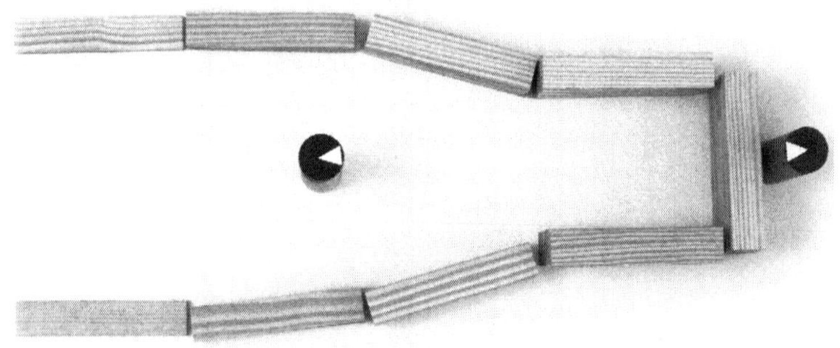

Abbildung 9.3

Klaus B.: „Sie haben vorher gesagt, Sie möchten diese hintere Mauer entfernen. Wie ist das, wenn Sie sich das jetzt vorstellen und Ihre Mutter dort steht?“

Rebekka: „Das wäre schön, wenn ich meine Mutter ganz sehen könnte, das wäre ein Wunsch von mir, sie weiß das auch.“

Klaus B.: „Ihre Mutter versteckt sich ein wenig?“

Rebekka: „Ja, so ist sie auch nicht fassbar.“

Klaus B.: „Ich versuche mal etwas, ist das für Sie in Ordnung?“

Rebekka: „Ja.“

Klaus B. dreht Rebekkas Figur um, mit Blick dem Raum zugewandt und stellt ihre Mutter vor die Öffnung. (siehe Abb. 9.4)

Rebekka beginnt zu weinen.

Rebekka: „Das ist ein so großer Wunsch von mir. Ich wünsche mir, dass meine Mutter an meinem Leben teilnimmt und ich an ihrem. Ich möchte mir jetzt gerne Zeit nehmen, sie kennen zu lernen.“

Klaus B. baut auf einem anderen Tisch, ca. zwei Meter von Rebekkas Raum entfernt, einen neuen Raum und stellt die Figur ihrer Mutter in diesen Raum. Anschließend dreht er Rebekkas Figur in Richtung der Mutter.

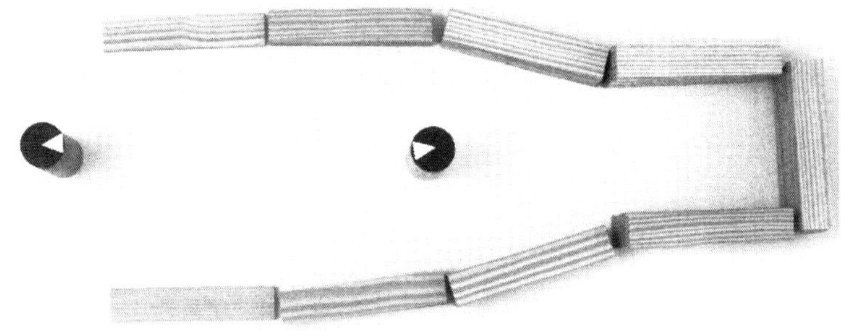

Abbildung 9.4

Klaus B.: „Wie ist das?"
Rebekka: „Sehr ungewohnt, aber auch interessant. Ich möchte sie von meinem Raum aus sehen, möchte aber nicht hingehen. Ich bin mir nicht sicher, ob sie in ihrem Raum bleiben wird oder ob sie sich wieder hinter meiner hohen Mauer verstecken wird."
Klaus B.: „Ich ändere die Position Ihrer Figur, darf ich das?"
Rebekka: „Ja, das ist gut."

Klaus B. nimmt Rebekkas Figur und stellt sie außerhalb ihres Raumes mit dem Gesicht ihrer Mutter zugewandt. (siehe Abb. 9.5)

Klaus B.: „Wie ist das?"
Rebekka: „Ich habe keinen Schutz mehr. Das ist unangenehm."
Klaus B.: „Darf ich Ihre Figur umdrehen?"
Rebekka: „Ja, das ist o.k.."

Klaus B. dreht ihre Figur um.

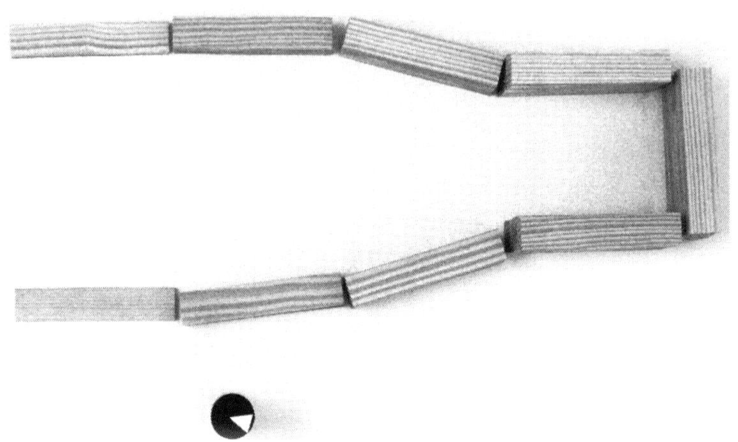

Abbildung 9.5

Klaus B.: „Wie ist es, wenn Sie jetzt von außen den eigenen Raum anschauen?"

Rebekka: „Bekannt, vertraut, ich möchte gern wieder zurück in meinen Raum."

Rebekka stellt ihre Figur wieder in ihren Raum.

Klaus B.: „Sie haben vorher gesagt, Sie möchten die hohe Mauer abbauen, möchten Sie dies einmal versuchen?"

Rebekka entfernt die Mauer und legt mehrere Hölzchen in einem Halbkreis, wie Sonnenstrahlen, an das Ende ihres Raumes. Zusätzlich schließt sie den Raum gegen vorne ab und entfernt die anderen Schichten. (siehe Abb. 9.6)

Rebekka: „Ich habe mir jetzt Raum geschaffen, das tut gut."

Klaus B.: „Es ist jetzt viel passiert und ich glaube, es geht noch weiter. Ich schlage Ihnen vor, da wir zeitlich am Ende der Sitzung angelangt sind, dass wir mit diesem Bild nächstes Mal weiter machen. Ist das für Sie in Ordnung?"

Rebekka: „Das stimmt für mich, mit diesem Bild jetzt nach Hause zu gehen."

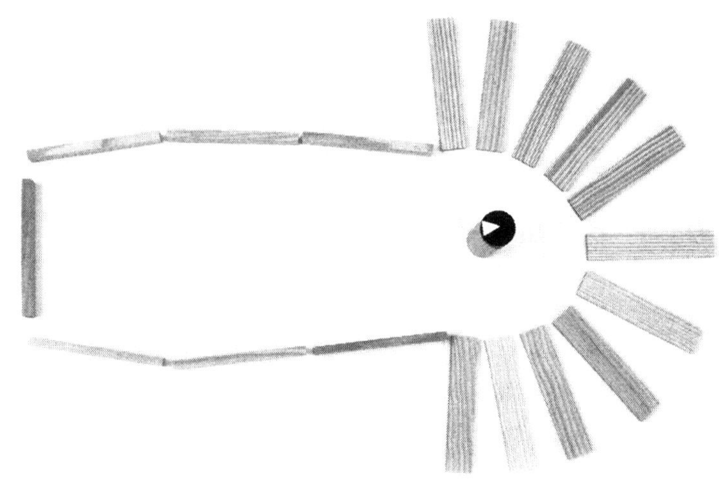

Abbildung 9.6

Ende der ersten Sitzung

Beginn der zweiten Sitzung

Klaus B.: „Möchten Sie zur letzten Sitzung noch etwas sagen, bevor wir mit der zweiten Sitzung weiter fahren?"

Rebekka: „Ich bin mir meiner Position im Leben irgendwie bewusster geworden. Auch glaube ich seither, eine andere Ausstrahlung zu haben und das löst bei meinen Mitmenschen Reaktionen aus. Vor allem das letzte Bild hat mich sehr gestärkt. Es ist, als ob ich mich aufgerichtet habe. Ich hatte ein starkes Nachempfinden, als ob ich etwas abgelegt habe."

Klaus B.: „Was meinen Sie mit Ablegen?"

Rebekka: „Das sind diese kreisförmigen Hölzchen, die etwas darstellen, das vorher an mir haftete, vorher belastend war. Ich fühlte mich nach der Änderung leichter und konnte mich deswegen aufrichten."

Klaus B.: „Zu wem gehören die strahlenförmigen, hingelegten Hölzchen, zu Ihnen oder nicht mehr zu Ihnen?"

Rebekka: „Sie sind ein Bestandteil meines Seins und sie bieten mir auch Schutz."

Klaus B.: „Mir kommt ein Bild, darf ich das sagen?"

Rebekka: „Ja, gerne."

Klaus B.: „Mir kommt das Bild, mit den nach außen gerichteten Hölzchen, wie die Stacheln eines Igels vor. Passt dies?"

Rebekka: „Ja, das passt sehr gut. Ja, wenn ich angegriffen werde, dann wehre ich mich damit, dann kann ich auch böse werden."

Klaus B.: „Sie haben also zwei Grenzformen, zwei Schutzformen: die Stacheln und die gerade seitliche, eine Schicht hohe Grenze. Wie würden sie den Unterschied beschreiben?"

Rebekka: „Die Stacheln sind unberechenbar, die andere Grenze ist kontinuierlich. Sie schützen mich beide gleich gut."

Klaus B.: „Von innen heraus ist der Schutz vielleicht gleich, von außen wird dies jedoch ganz unterschiedlich wahrgenommen."

Rebekka: „Ja, das stimmt."

Klaus B.: „Wenn jemand Ihre Grenze, ohne Ihre Erlaubnis, bewusst oder unbewusst überschreitet, wäre diese Person eher männlich oder weiblich?"

Rebekka: „Weiblich."

Klaus B.: „Wo ist es schwieriger Ihre Grenze zu überschreiten: bei der kontinuierlichen Grenze oder bei der mit den Stacheln?"

Rebekka: „Bei den Stacheln, dort ist die Grenze nicht fassbar."

Klaus B.: „Darf ich dort eine weibliche Figur hinstellen, ist das für Sie o.k.?"

Rebekka: „Ja."

Klaus B. stellt eine Frauenfigur nahe bei den stacheligen Hölzchen hin. (siehe Abb. 9.7)

Rebekka: „Die Stacheln würden sich bewegen, wenn die Frau näher kommt, ganz unabhängig davon, ob sie mir gegenüber wohlgesinnt ist oder nicht."

Klaus B.: „Darf ich eine vielleicht merkwürdige Frage stellen?"

Rebekka: „Ja, natürlich."

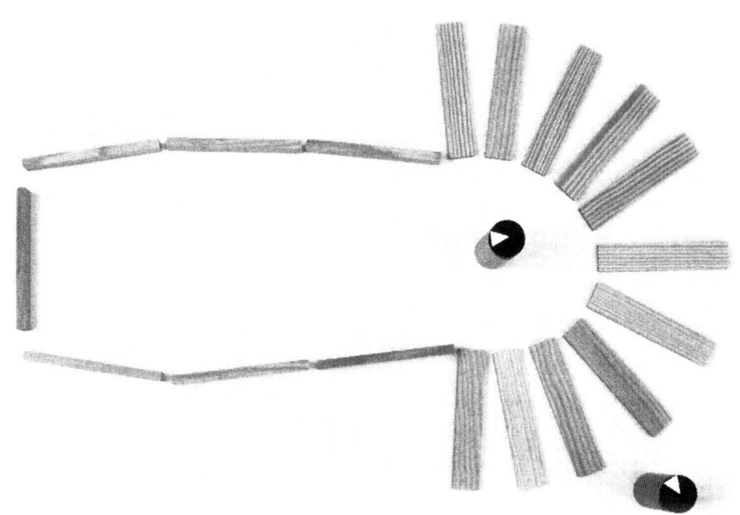

Abbildung 9.7

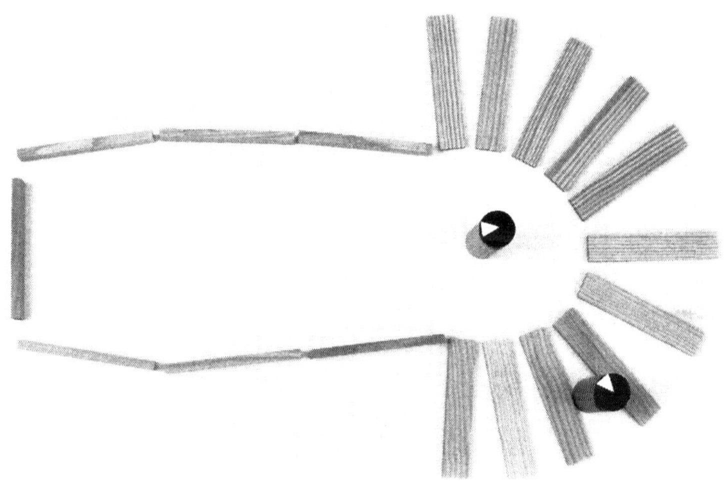

Abbildung 9.8

Klaus B.: „Können diese Stacheln Gift spritzen?"

Rebekka: „Ja, so etwas habe ich mir jetzt gerade auch überlegt. Wenn jemand mir zu nahe kommt und bereits zwischen den Stacheln steht und ich mich angegriffen fühle, dann klemme ich diese Person mit diesen Stacheln ein." (siehe Abb. 9.8)

Klaus B.: „Dann wird diese Person wie von einem Skorpion oder einem Krebs gepackt?"

Rebekka: „Ja genau, das mache ich."

Klaus B.: „Als ich vorher dies mit dem Zupacken erwähnte, da sah ich, dass sich ihre Hautfarbe im Gesicht änderte."

Rebekka: „Ja, da wurde es mir plötzlich ganz warm. Mir wurde bewusst, dass meine Mutter ein Skorpion ist und ich ihr dieses Verhalten schon öfter vorgeworfen habe."

Klaus B.: „Kann es sein, dass Sie Ihr eigenes Abwehrverhalten von ihrer Mutter gelernt haben?"

Rebekka: „Ja, das stimmt. Ich kenne diese Situation. Beispielsweise z.B., wenn ich meiner Mutter näher kommen will."

Klaus B.: „Es ist unlogisch, dass sich Ihnen jemand im Stachelbereich nähert, logischer wäre doch auf der anderen Seite."

Rebekka: „Ja, bei den Stacheln habe ich auch etwas Anziehendes, Herzliches, Warmes und Verständnisvolles."

Klaus B.: „Wenn jemand in Ihren Raum kommt, ohne Ihre Erlaubnisse, und Ihre „kontinuierliche Grenze" überschreitet, was nehmen Sie dann wahr? Sollen wir das mal ausprobieren?"

Rebekka: „Ja, das ist gut."

Klaus B. nimmt die Frauenfigur und stellt sie über Rebekkas Grenze und platziert sie in ihren Raum. (siehe Abb. 9.9)

Rebekka: „Es kommt wie eine Lähmung über mich, ich bin überfordert damit, ich weiß nicht was zu machen. Diese Situation kenne ich gut, das sind die Momente, in denen ich stumm werde."

Klaus B.: „Wenn Sie dies jetzt von außen sehen, welche Reaktion würde Sinn machen?"

Rebekka: „Diese Person zur Rede stellen, sie bitten, den Raum wieder zu verlassen. Ich müsste näher zu dieser Person gehen, wenn ich ihr dies sagen will."

Abbildung 9.9

Klaus B.: „Sie sagen, Sie können dies alles nicht. Möchten Sie es jetzt trotzdem einmal versuchen?"

Nach einer Stille:

Rebekka: „Ich spüre eine Angst."

Rebekka beginnt zu weinen.

Rebekka: „Das macht mich traurig. Die Angst ist so stark, dass ich stehen bleibe."
Klaus B.: „Kennen Sie diese Angst?"
Rebekka: „Ja."
Klaus B.: „Wer ist diese Frau?"
Rebekka: „Meine Mutter."
Klaus B.: „Also vor Ihrer Mutter verspüren Sie in dieser Situation eine solch starke Angst?"
Rebekka: „Ja."
Klaus B.: „Wir können ein neues Verhalten ausprobieren, ist das für Sie in Ordnung?"
Rebekka: „Ja."

Klaus B.: „Wir sehen hier eine Abbildung der Wirklichkeit. Probieren Sie, ob Sie mit Ihrer Figur näher zu Ihrer Mutter gehen können und ihr sagen können: „Bitte Mama, verlass jetzt wieder meinen Raum"."
Rebekka: „Ja, ich will es versuchen."

Nach einer Pause:

Rebekka: „Es geht nicht."
Klaus B.: „Sie weinen, sieht Ihre Mutter, dass Sie weinen?"
Rebekka: „Ja."
Klaus B.: „Weiß Ihre Mutter, weshalb Sie weinen?"
Rebekka: „Ja."
Klaus B.: „Verstehen Sie dies?"
Rebekka: „Nein."
Klaus B.: „Sie können es wahrscheinlich gar nicht verstehen. Es ist auch nicht zu verstehen."

Nach einer Weile.

Klaus B.: „Wer könnte Ihnen helfen, dass Ihre Mutter Ihren Raum verlassen wird?"
Rebekka: „Das letzte Mal hat mein Freund dies gemacht. Ich weiß, dass es nicht seine Aufgabe ist. Mein Vater, aber der macht es nicht."
Klaus B.: „Wenn Sie ihn darum bitten?"
Rebekka: „Ich weiß es nicht."
Klaus B.: „Gibt es noch jemanden, den Sie um Hilfe bitten könnten?"
Rebekka: „Vielleicht mein Großvater?"
Klaus B.: „Der Vater Ihrer Mutter?"
Rebekka: „Ja."
Klaus B.: „Können Sie sich vorstellen, dass Sie ihn fragen: ‚Großvater, könntest du meine Mutter, deine Tochter bitten, aus meinem Raum zu gehen?' Soll ich eine Figur für Ihren Großvater dazustellen?"
Rebekka: „Ja, das hilft."
Klaus B.: „Wo soll ich ihn hinstellen?"

Rebekka zeigt auf einen Punkt außerhalb ihres Raumes. (siehe Abb. 9.10)

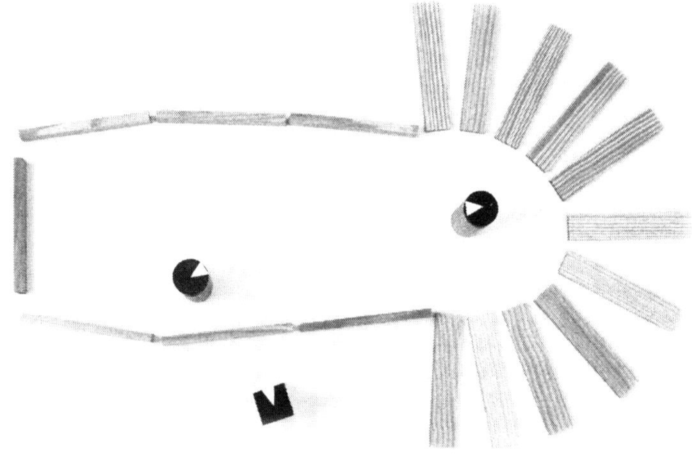

Abbildung 9.10

Rebekka: „Großvater, kannst du mir helfen, dass meine Mutter meine Grenze nicht mehr ohne meine Erlaubnis überschreitet und jetzt aus meinem Raum geht?"

Klaus B.: „Wie macht er das?"
Rebekka: „Er geht hinein und holt meine Mutter heraus."

Rebekka nimmt die Figur des Großvaters und auch die Figur der Mutter heraus und stellt sie beide außerhalb ihrer Grenze.

Rebekka: „Das ist eine Erleichterung, eine Entspannung. Ich möchte jetzt wissen, wie es meiner Mutter geht."
Klaus B.: „Müssen Sie das wissen?"
Rebekka: „Nein."
Klaus B.: „Ihr Großvater sagt vielleicht zu Ihrer Mutter: ‚Schau einmal auf deine Tochter, schau einmal wie es ihr geht.' Möchten Sie Ihrer Mutter etwas sagen?"
Rebekka: „Nein, es ist gut so."

Klaus B.: „Stellen Sie sich vor, Ihr Großvater sagt zu Ihnen: ‚Du darfst mich zu jeder Zeit rufen und um Hilfe bitten. Ich werde immer kommen, auch wenn andere deine Grenze überschreiten. Bald kannst du dich auch alleine wehren. Bis es soweit ist, stehe ich dir bei.'"

Rebekka: „Das zu wissen tut gut."

Klaus B. nimmt die Figuren von Großvater und Mutter und entfernt sie vom Tisch.

Nach einer Weile:

Rebekka: „Mein Raum respektiv meine Grenze besteht wie aus zwei Teilen. Ich möchte dies jetzt gerne ändern."

Klaus B.: „Was möchten Sie ändern?"

Rebekka: „Ich möchte gerne in den großen Raum gehen. Die Stachelgrenze empfinde ich jetzt als Schwere."

Klaus B.: „Wäre es gut, wenn der kontinuierliche Teil Ihrer Grenze eine Latte höher wäre? Möchten sie das mal versuchen?"

Rebekka legt auf jede Latte dieser Grenze eine zweite Latte.

Rebekka: „Ja, das gibt mir mehr Halt und wichtig ist, ich kann darüber schauen. Es ist ungewohnt. Ich würde gerne eine ähnliche Form auch im hinteren Teil haben."

Klaus B.: „Ja, probieren Sie das doch einmal aus."

Rebekka erweitert ihren Raum. (siehe Abb. 9.11)

Rebekka: „Das ist ein Luxus. Ich traue mir zu, diesen Raum mit Eigenem füllen zu können, mit Liebevollem, mit Ideen. Ich bin überrascht, wie groß mein Raum ist. Ich kann es noch gar nicht glauben. Ich spüre viel Klarheit jetzt."

Abbildung 9.11

Nachtrag Rebekka

In der zweiten Sitzung wird untersucht, was geschieht, wenn eine fremde Person in Rebekkas psychischen Raum, bewusst oder unbewusst, ohne ihre Einwilligung eintritt. Wenn eine weibliche Figur in Rebekkas Innenraum steht, verspürt sie umgehend eine Blockade und weiß nicht mehr, was zu tun ist. „Das sind die Momente, in denen ich stumm werde", sagt sie. Sie spürt eine starke Angst, die sie zum Stillstehen zwingt. Auch bei einem zweiten Versuch gelingt es ihr nicht, entsprechend zu reagieren.

Die Symptome, welche Rebekka beschreibt – die Blockade, die Angst, das Verstummen – sind Reaktionen, die möglicherweise zu einem Trauma passen könnten. Wenn wir in eine bedrohliche Situation geraten, reagiert unser Körper mit einer Aktivierung des sympathischen Nervensystems, mit dem wir uns auf Kampf oder Flucht vorbereiten. Kampf würde in Rebekkas Beispiel bedeuten, dass sie sich dem Eindringling zuwendet, auf sie/ihn zugeht und dieser Person unmissverständlich klar macht, den Raum sofort zu verlassen. Doch es gelingt ihr nicht, ihre Angst zu überwinden. Die Kampfreaktion wäre die Äußerung einer gesunden Aggression. Bei der Fluchtreaktion würde sie wahrscheinlich blitzartig ihren Raum verlassen, um woanders Sicherheit zu finden. Wie wir die Entscheidung – Kämpfen oder Fliehen – innerhalb von Sekundenbruchteilen treffen, ist unklar. Wahrscheinlich spielen hier sowohl Erfahrungen (z. B. Erfolgserlebnisse), Gefühle (Angstwahrnehmung), Ansichten (Selbsteinschätzung und Beurteilung der Bedrohung) als auch Bilder (z. B. ein starker Mann kämpft) und Verantwortung (z.B. der Mann kämpft für seine Familie) eine Rolle. Die schnelle Reaktion zeigt, wie äußerst effizient Gefühle, Erfahrungen, Bilder, Ansichten und Verantwortung miteinander verknüpft sind.

Eine dritte Reaktion ist die Erstarrung, oder wie wir dies im Tierreich beobachten können, der Todstellreflex. Kann die Erstarrung in der Tierwelt eine sinnvolle Überlebensstrategie sein (Raubtiere fressen meistens keine toten Tiere), ist dies bei uns Menschen eine Äußerung von nicht ausführbarem Kampf oder Flucht. Nach neuesten Traumaerkenntnissen geraten wir immer wieder in bedrohliche Situationen, wo weder Kampf noch Flucht möglich ist und die akute Blockade als einzige Antwort übrig bleibt (24,25). Dieser starken Hemmung begegnen wir auch dann, wenn die Person erneut in eine ähnliche Situation gerät, auch wenn diese eindeutig weniger gefährlich ist. Dies sehen wir bei Rebekka. Ihre erste Reaktion ist eine Blockade, die sofort eintritt, nachdem die fremde Figur in ihren symbolisch dargestellten psychischen Innenraum kommt. In der 3D-GV Sitzung reagiert Rebekka mit einer Befangenheit, die auch nachdem sie rationell genau weiß, was zu tun ist, nicht verschwindet. Die Vermutung liegt nahe, dass sie mit ziemlicher Wahrscheinlichkeit die dargestellte Grenzüberschreitung schon öfter in Wirklichkeit erlebt hat und dabei ähnlich reagiert hat.

Die in der 3D-GV plötzlich auftretende Blockade gibt uns einen klaren Hinweis, dass eine unerwünschte Grenzüberschreitung in den psychischen Raum ein psychisches Trauma sein kann. Also nicht nur sexueller Missbrauch, Körperstrafen, Gewalttätigkeiten, Katastrophen, Kriegsverbrechen und Verkehrsunfälle sind Traumata, die schwerwiegende psychische Folgen haben können, sondern auch bisher als harmlos eingestufte psychische Grenzüberschreitungen können dies sein. Diese können, wie wir gesehen haben, ebenfalls zu typischen Traumareaktionen führen – mit vergleichbaren Auswirkungen. Diese Vermutung sollte uns zu denken geben.

Wenn diese Annahme sich als richtig herausstellt – und vieles spricht dafür –, dann wird es höchste Zeit, uns über unser grenzüberschreitendes Verhalten bewusst zu werden. Ein erhofftes Ziel unserer Grenzforschung ist, dass ein Bewusstwerdungsprozess auf mehreren Ebenen und verschiedenen Bereichen in Gang gesetzt wird. Das Bagatellisieren und Herunterspielen von Grenzüberschreitungen im psychischen Bereich hat weitreichende Konsequenzen. Dass wir bis jetzt oft in vergleichbaren Konstellationen passiv zugeschaut haben, hat vielleicht mit unseren eigenen Traumaerfahrungen zu tun. Wenn es uns jedoch gelingt, unsere eigene Grenze schutz- und sicherheitsbringend zu renovieren, werden wir uns wahrscheinlich auch zunehmend für einen respektvollen Umgang mit den psychischen Grenzen unserer Mitmenschen einsetzen können.

Die sternförmige Struktur von Rebekkas Grenze zeigt wahrscheinlich sehr viel Ähnlichkeit auf mit der Grenze ihrer Mutter. Rebekka erkennt das „skorpionartige" Abwehrverhalten als das defensive Benehmen ihrer Mutter. Sie glaubt, diese Verteidigungsstrategie von ihrer Mutter gelernt zu haben. Wahrscheinlich spielen bei der Bildung unserer Grenze auf drei unterschiedliche Arten unsere Eltern eine wesentliche Rolle.

Die erste Dynamik ist das Imitationsverhalten der Kinder. Durch Nachahmen eignen wir uns nicht nur unser Sprechen, Gehen, Musizieren, Tanzen und vieles mehr an, sondern auch unseren Umgang mit den Mitmenschen. Wir wissen seit Kurzem, dass die Spiegelneuronen bei der Nachbildung gezielter Handlungen eine wichtige Rolle spielen und dieselben Hirnnerven voraussichtlich von Bedeutung sind für unsere Mitgefühlfähigkeit. Die Metapher der ‚emotionale Sprache', die im vorherigen Kapitel eingeführt wurde, kann uns auch jetzt behilflich sein, die diversen Grenzentstehungsdynamiken zu verstehen. Indem wir die Grenzstruktur unserer Eltern kopieren, werden wir automatisch die gleiche emotionale zwischenmenschliche Sprache sprechen. Die Abgrenzungsstruktur bestimmt nicht nur den zwischenmenschlichen Austausch und die Zugänglichkeit unseres psychischen Raumes für unsere Mitmenschen, sondern legt auch unser psychisch-seelisches Aussehen fest. Die emotionale Sprache, welche wir sprechen – z.B. respektvoll, überheblich oder unterwürfig –, macht unsere Herkunft erkennbar. Es verstärkt unser Zugehörigkeitsgefühl, wenn wir die selbe Grenzform haben und den selben Austauschregeln folgen wie unsere Eltern. Als Kind glauben wir, dass die Grenzvorstellungen unserer Eltern normal sind, auch wenn wir vielleicht täglich unter ihren Übergriffen leiden müssen. So passen wir uns mit einer wirksamen Überlebensstrategie der sogenannten Normalität an.

Die zweite Dynamik ist die aktive Prägung der Grenze durch die Eltern. Die durchlässige Grenze eines Kindes kann den Eltern oberflächlich gesehen Vorteile bieten. Indem der Zugang zum kindlich psychischen Raum einfach zu erlangen ist, können ohne großen Widerstand Ansichten, Bilder, Aufgaben und Verantwortung beim Kind hinterlassen werden. Einerseits kann das Kind somit leicht manipuliert und gesteuert werden, andererseits kann das Territorium des Kindes für eigene Zwecke zusätzlich benützt werden. Wahrscheinlich beruhten viele Argumente der antiautoritären Erziehungsbefürworter auf den bedenklichen und schädlichen Auswirkungen der damaligen grenzzerstörerischen Erziehungsmethoden. Bei dem Vorsatz, die Grenze des Kindes zu würdigen und zu respektieren, verloren die antiautoritären Eltern ihre eigenen Abgrenzungen aus den Augen. Obwohl die Kinder jetzt einen weniger angstbeladenen Umgang mit ihren Eltern leben durften, fiel die Grenzvorbildfunktion der Eltern weg. Die Kinder wussten nicht mehr, welche Abgrenzung jetzt imitiert werden soll, da die Eltern ihre eigenen Grenzen nicht zeigten.

Die Grenzüberschreitungen der Eltern modellieren die Grenzen der Kinder nach dem eigenen Grenzbild. Wenn die eigene Abgrenzung Löcher aufweist, z.B. durch gewalttätige Großeltern oder Lehrer, welche schlagen, was vor zwei bis drei Generationen in Europa noch zum Alltag gehörte, wird unbewusst die Abgrenzung der Kinder auch durchlässig gestaltet. Wir sehen, dass zwei verschiedene Kräfte zum gleichen Resultat führen, nämlich dass die Grenze der Kinder ein Duplikat der Grenze der Eltern wird. Das Imitationsverhalten der Kinder einerseits und das aktive Formgeben respektiv Erziehungsverhalten der Eltern andererseits führen zum gleichen Grenzbild.

Eine dritte Kraft, die der Epigenetik, spielt möglicherweise eine zusätzliche Rolle. Neueste Untersuchungen haben gezeigt, dass Umweltfaktoren die Genregulation beeinflussen können. Lebenserfahrungen können die Genexpression ändern, die wiederum die neuronalen Verbindungen beeinflussen kann. Somit können sehr wahrscheinlich traumatische Erfahrungen der Eltern, welche deren psychische Grenzen geprägt haben, an die Kinder weitergegeben werden (10).

Im vorherigen Kapitel wurde das Experiment mit Wasserflöhen erwähnt, denen ein Helm und ein stacheliger Schwanz zum Selbstschutz wuchs, wenn dem Wasser der Duft eines Fressfeindes zugefügt wurde. Wenn man die weiblichen Wasserflöhe dieser Gruppe später in ein Aquarium setzt, in dem es hingegen keinerlei Anzeichen von Fressfeinden gibt, tragen die Nachkömmlinge, die noch nie in ihrem Leben einen Feind gesehen oder gerochen haben, einen größeren Helm (5).

Die drei Dynamiken lassen vermuten, dass unsere Grenze weit mehr der Grenze unserer Eltern ähnlich ist, als wir bis dahin angenommen haben. Dies sollte jedoch kein Grund sein, dass unsere Kinder nicht eine bessere Abgrenzung haben dürfen als wir. Im Gegenteil: Wenn wir uns dieser Gefahr bewusst sind, können wir extra aufmerksam sein. Wir können unseren Kindern Wege aufzeigen, wie sie ihre Grenzen aufbauen und stabilisieren können, damit sie imstande sind, ihre Gefühls- und Erfahrungswelt schützen zu können. Gleichzeitig können wir beginnen, dank der wundervollen

Neuroplastizität unseres Hirns unsere eigene Abgrenzung zu renovieren. Beides wird dazu beitragen, dass wir einen friedlicheren Umgang miteinander finden werden.

Kapitel X

Ich-Grenze und Selbstbewusstsein

Ludwig ist ein 32-jähriger Mann, der seit zwei Jahren mit seiner Partnerin zusammenlebt. Im Vordergrund steht häufig die Unfähigkeit, zu handeln, ein Erstarrtsein sowie die Unmöglichkeit, einen Schritt machen zu können. Er spürt öfter eine „Käseglocke" um sich herum, die ihm Schutz gibt und wohin er sich zurückziehen kann.

Mit 15 Jahren hat er einen sexuellen Übergriff eines Nachbars erlebt. Bisher hat er nur einmal über dieses Ereignis mit jemandem sprechen können.

Anliegen
Ludwig verspürt seit einigen Monaten ein „Käseglockengefühl". Dies bemerkt er vor allem dann, wenn seine Partnerin ihm näher kommen will. Ludwig wünscht sich, er könne von sich aus mit Freude auf seine Partnerin zugehen.

Ludwig stellt seinen Raum am Rande des Tisches auf und steckt nur an der Vorderseite einen Zaun ab. (siehe Abb. 10.1, der obere Rand der Abbildung ist gleichzeitig der Rand des Tisches)

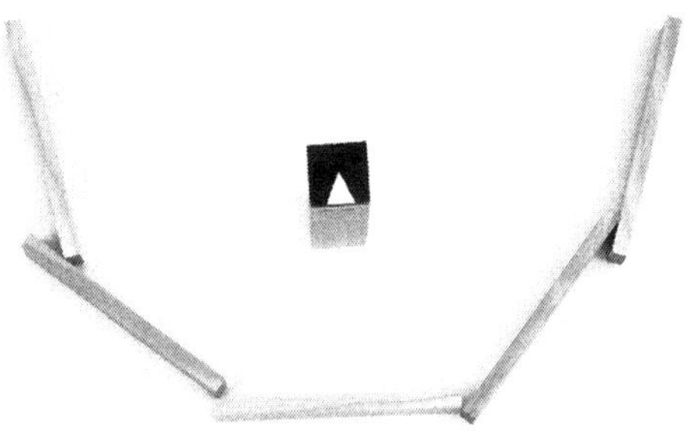

Abbildung 10.1

Klaus B.: „Sieht so Ihre Grenze jetzt aus?"

Ludwig: „Ja, vorne habe ich einen Zaun und hinten habe ich einen Freiraum. Von dort kann keiner kommen. Es ist gut, dass es hinten so viel Raum hat, von wo keiner eintreten kann."

Klaus B.: „Können Sie in diesen Raum hinter Ihrem Territorium eintreten?"

Ludwig: „Wenn ich dorthin gehe, würde ich hinunterstürzen. Es ist wie eine Schlucht. Es ist ein Raum, den keiner einnehmen kann, es ist eine Weite."

Klaus B.: „Was passiert, wenn Sie herunterfallen würden?"

Ludwig: „Das weiß ich nicht."

Klaus B.: „Sind Sie schon einmal heruntergestürzt?"

Ludwig: „Das kann ich nicht sagen. Ich traue mich nicht, diesen Schritt zu wagen, vielleicht weil ich Angst habe, in die Tiefe zu fallen."

Klaus B.: „Wie ist es, wenn Sie nahe an diesem Abgrund stehen?"

Klaus B. stellt Ludwigs Figur nahe an die Kante, mit dem Blick in die Weite. (siehe Abb. 10.2)

Abbildung 10.2

Ludwig: „Das ist nicht angenehm, ich will wieder einen Schritt rückwärts gehen. Es löst eine Beklemmung aus, eine Angst, ich spüre Gefahr."

Ludwig stellt seine Figur etwas zurück.

Klaus B.: „Wie ist das für Sie?"

Ludwig: „Besser. Es ist jetzt wie ein Zurückschauen in die Vergangenheit."

Klaus B.: „Gibt es ein Jenseits dieser Weite, eine andere Seite der Schlucht?"

Ludwig: „Nein, das gibt es nicht."

Klaus B.: „Der Raum nach vorne – außerhalb Ihres Zaunes, ich nenne diesen Raum einmal ‚Umraum' –, grenzt dieser auch an die Schlucht?"

Ludwig: „Ja."

Klaus B.: „Ich mache einen Vorschlag: Wir wollen einmal schauen, was passiert, wenn ich Ihre Figur in die Schlucht auf den Boden stelle. Schauen Sie bitte, was dies bei Ihnen auslöst. Ist das für Sie in Ordnung?"

Ludwig: „Ja."

Klaus B. nimmt Ludwigs Figur und stellt sie auf den Boden der Schlucht.

Ludwig: „Das ist gut so. Ich hätte mich nicht getraut, selbst in die Schlucht zu gehen. Das ist o.k. so."

Klaus B.: „Und wenn Sie von dort unten nach oben schauen, zu Ihrem eigenen psychischen Raum, wie ist das für Sie?"

Ludwig: „Mein eigener Raum ist mir zu klein."

Klaus B.: „Zieht es Sie irgendwo hin?"

Ludwig: „Ich möchte nicht hochkommen, weil ich oben meine Grenze sehe. Dieser Raum da unten gehört allen und niemandem. Ich sehe hier jetzt jedoch keine andere Person."

Klaus B.: „Darf ich Ihre Figur auf den Tisch stellen, außerhalb Ihres Territoriums, mit Blick auf Ihren Innenraum." (siehe Abb. 10.3)

Ludwig: „Ja, machen Sie nur."

Klaus B.: „Spüren Sie einen Unterschied, ob Sie in der Schlucht stehen oder ob Sie hier oben stehen, außerhalb Ihres psychischen Raumes?"

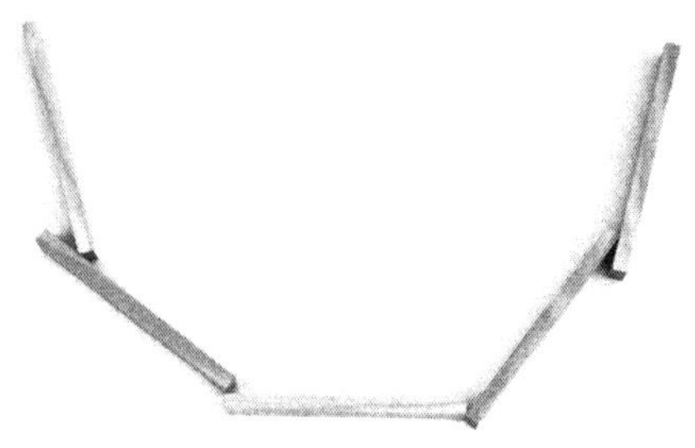

Abbildung 10.3

Ludwig: „Nein, ich spüre keinen Unterschied, das Gefühl ist nahezu identisch."

Klaus B.: „Wie ist es für Sie, wenn Sie von dieser Position Ihren eigenen Raum sehen?"

Ludwig: „Mein Raum hält mich fern oder schreckt mich sogar ab. Ich möchte nicht näher herankommen."

Klaus B.: „Was könnte dabei eine Rolle spielen, dass Sie nicht näher an Ihren psychischen Raum gehen möchten?"

Ludwig: „Die Abgrenzung ist sehr hart."

Klaus B.: „Ich empfinde Ihren Zaun eher als rund und weich."

Ludwig: „Das Material ist hart, es braucht Kraft, den Zaun zu überwinden. Der Zaun ist nicht einladend."

Klaus B.: „Kennen Sie das Gefühl, nicht in Ihre eigene, innere Welt gehen zu wollen?"

Ludwig: „Nein, das kenne ich nicht. Ich kenne das Gefühl, wenn ich mich drinnen aufhalte."

Klaus B.: „Also, das Gefühl, in Ihrem Raum zu sein ist Ihnen vertraut und das Gefühl, von außerhalb hineinschauen zu können, ist Ihnen nicht bekannt?"

Ludwig: „Ja, so ist es."

Klaus B.: „Sie haben vorhin gesagt, das Bild ist von außen her gesehen nicht sehr einladend. Meinen Sie damit nur den Zaun, oder auch den inneren Raum?“
Ludwig: „Ich glaube, auch den Raum. Er wirkt sehr klein, man kann sich kaum bewegen darin.“
Klaus B.: „Was passiert, wenn Sie trotzdem näher an Ihren Raum gehen? Möchten Sie das mal versuchen?“
Ludwig: „Ja.“

Ludwig bewegt seine Figur näher an seine Grenze.

Ludwig: „Wenn ich von hier meinen Raum sehe, ist er o.k. Ich sehe nichts Abschreckendes. Ich schaue ganz gebannt hinein, bemerke ich jetzt. Ich kann mich kaum vom Anblick lösen.“
Klaus B.: „Was könnte Sie dazu bewegen, dass Sie sich umdrehen und irgendwo hingehen würden?“
Ludwig: „Meine Grenze müsste entfernt werden.“
Klaus B.: „Darf ich etwas ausprobieren?“
Ludwig: „Ja.“

Klaus B. stellt auf einem ca. zwei Meter entfernten zweiten Tisch eine weibliche Figur hin, diese ist mit einem Zaun eingekreist. Die Figur repräsentiert Ludwigs Lebensgefährtin.

Klaus B.: „Wenn Sie sich vorstellen, dass Ihre Partnerin dort hinten steht, was müsste passieren, dass Sie sich auf sie zu bewegen könnten?“
Ludwig: „Ja, meine Grenze müsste anders sein.“
Klaus B.: „Und wenn Ihre Partnerin Ihnen zurufen würde: ‚Schau mal her, komm doch einmal zu mir.‘“
Ludwig: „Dies würde nicht zu einer Aufbruchstimmung führen.“
Klaus B.: „Wie müsste Ihre Grenze aussehen, dass Sie sich zu Ihrer Partnerin hinbewegen könnten?“
Ludwig: „Soll ich es einmal probieren?“
Klaus B.: „Ja.“

Ludwig macht die Räume zwischen den Latten größer, legt sie hin und entfernt dann zwei Hölzchen. (siehe Abb. 10.4)

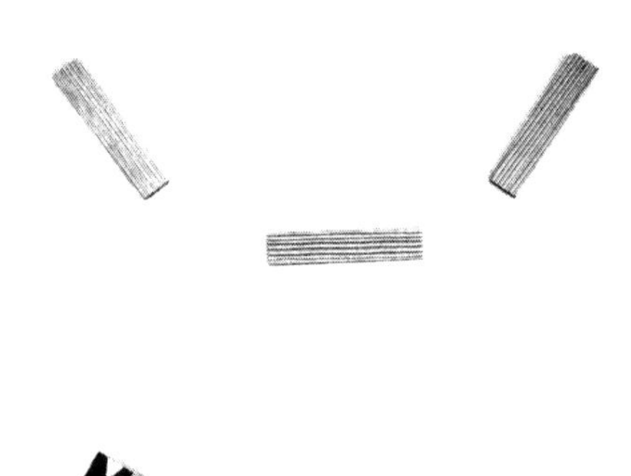

Abbildung 10.4

Ludwig: „Irgendetwas hält mich noch zurück, ich kann mich noch nicht zu ihr hinbewegen. Auch mit drei Latten ist immer noch zu viel vom Zaun vorhanden."

Ludwig nimmt auch die letzte Latte weg.

Ludwig: „Das ist wie ein tiefes Durchatmen."
Klaus B.: „Was sehen Sie jetzt?"
Ludwig: „Dass mein Zaun weg ist. Ich sehe viel Raum."
Klaus B.: „Wo ist Ihr Raum jetzt?"
Ludwig: „Der ist noch da, ist aber größer geworden."
Klaus B.: „In Ihrem Raum sind Gefühle, Erfahrungen und Bilder. Stehen diese noch am selben Ort wie zuvor?"
Ludwig: „Diese sind jetzt mehr über eine größere Fläche verteilt."
Klaus B.: „Wie ist es jetzt, Ihre Freundin dort zu sehen?"
Ludwig: „Schön, sie zu sehen."
Klaus B.: „Möchten Sie zu ihr gehen?"
Ludwig: „Ich möchte einfach nur einmal hinschauen. Das ist gut so."
Klaus B.: „Auch nachdem Sie Ihre Grenze sozusagen aufgelöst haben gibt es immer noch eine Kraft oder eine Energie, die dazu führt, dass Sie sich nicht bewegen können? Formuliere ich das richtig?"
Ludwig: „Es freut mich, sie dort zu sehen, das ist neu, das erfüllt mich. Ich habe aber keinen Impuls, mich zu ihr hinzubegeben."

Nach einer Weile:

Ludwig: „Für mich war wichtig, dass ich durch die Auflösung meiner Grenze meinen Gefühlen mehr Raum geben konnte."

Klaus B. legt drei Holzklötzchen auf die Fläche.

Klaus B.: „Das sind Ihre Gefühle, Bilder und Erfahrungen. Wie ist das für Sie?"

Ludwig: „Für mich ist es so neutral. Ich spüre keinen Impuls, irgendetwas ändern zu wollen. Vielleicht stellte dieses Brett schon von Anfang an meinen Raum dar und ich habe mich selber innerhalb dieser Fläche noch einmal eingegrenzt. Ja, das, was Sie zu Beginn ‚Umraum' genannt haben, dieser Raum gehört ebenfalls mir."

Klaus B.: „Spüren Sie einen Unterschied in Bezug auf die Zugehörigkeit Ihres Raumes: ob Sie im früheren Umraum stehen, nahe am Raum Ihrer Partnerin, oder ob Sie hier im ersten abgesteckten Bereich sind?"

Ludwig: „Ja, das spüre ich jetzt deutlich. Die ursprünglich dargestellte Grenze ist irgendwie noch da, auch wenn sie jetzt nicht mehr sichtbar ist, nicht mehr aufgestellt ist. Dies spüre ich wie ein negatives Energiefeld."

Klaus B.: „Wenn dieser, durch die Tischgrenze getrennte Umraum, Ihnen gehört, was hat zu diesem Rückzug, zu dieser zweiten inneren Grenze geführt?"

Ludwig: „Das kann ich nicht sagen."

Klaus B.: „Wissen Sie, wann dieser Rückzug stattgefunden hat? Können Sie das zeitlich einordnen?"

Ludwig: „Das hat sich in der Jugend ereignet. Da gibt es einen Zusammenhang mit dem sexuellen Missbraucherlebnis. Damals habe ich mich erstmals eingemauert."

Klaus B.: „Passt das von Ihnen beschriebene Gefühl des gebannten Hinschauens dazu?"

Ludwig: „Das ist so. Ich merke außerdem, dass ich um den größeren eigenen Raum jetzt eine klare Grenze ziehen möchte."

Klaus B.: „Möchten Sie diese Grenze mit den Latten bauen?"

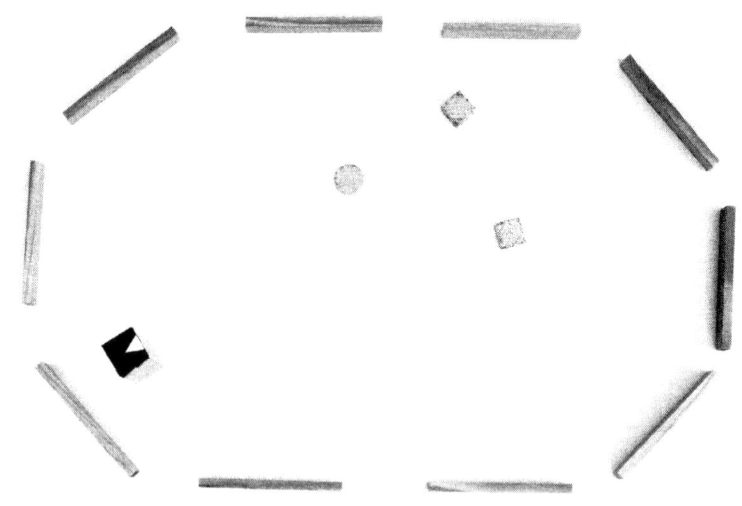

Abbildung 10.5

Ludwig: „Ja, ich möchte das gerne versuchen."

Ludwig nimmt mehrere Latten dazu und baut seinen neuen Zaun. (siehe Abb. 10.5)

Ludwig: „Das ist jetzt eine klar sichtbare Grenze."
Klaus B.: „Wie geht es Ihnen in diesem Raum?"
Ludwig: „Gut. Es ist schön, so viel Platz zu haben."
Klaus B.: „Sind die Gefühle, Bilder und Erfahrungen noch am richtigen Ort?"
Ludwig: „Wenn wir uns streiten, meine Partnerin und ich, dann ziehe ich mich zurück und spüre keine Gefühle mehr. Ich weiß, dass sie da sind, aber ich und auch meine Freundin haben keinen Zugang zu ihnen."
Klaus B.: „Wenn wir Ihren zu Beginn abgesteckten Raum wieder dazunehmen, wo sind Sie und wo sind Ihre Gefühle, wenn Sie einen Streit haben mit Ihrer Freundin?"
Ludwig: „Wahrscheinlich sind die Gefühle in meinem früheren Umraum. Meine Freundin und ich halten uns im Rückzugsgebiet auf." (siehe Abb. 10.6)

Abbildung 10.6

Klaus B.: „Ja, und haben Sie Kontakt zu Ihren Gefühlen im anderen Ihnen zugehörigen Bereich?"

Ludwig: „Wahrscheinlich nicht."

Klaus B.: „Und ist Ihre Partnerin auch in diesem Rückzugsraum?"

Ludwig: „Ja, sie kommt einfach herein. Eigentlich will ich dies gar nicht."

Klaus B.: „Wenn wir jetzt zurückkommen auf Ihr ‚Käseglockengefühl', können Sie dieses jetzt einordnen?"

Ludwig: „Ja, das kann ich jetzt, die ‚Käseglocke' ist der Rückzugsraum."

Klaus B.: „Brauchen Sie diesen Ort noch?"

Ludwig: „Ich weiß es nicht, ob ich diesen Fluchtort noch brauche. Ich nehme einmal die innere Grenze weg. Das ist besser so. Ich kann jetzt durchatmen. Die Energie ist zwar noch da, das Feld des Rückzugs existiert noch, da möchte ich nun heraus."

Ludwig stellt seine Figur außerhalb des Bereiches, innerhalb seines Raums.

Klaus B.: „Benötigen Sie jetzt noch einen Raum, in den Sie fliehen können?"

Ludwig: „Nein, das ist gut so."
Klaus B.: „Schauen wir noch einmal, was passiert, wenn Sie jetzt zur Freundin hinüberblicken."
Ludwig: „Da zieht mich jetzt etwas an."
Klaus B.: „Können Sie einen ersten Schritt machen?"
Ludwig: „Ja, das geht."

Ludwig nimmt seine Figur und stellt Sie vor den Raum seiner Freundin.

Ludwig zu seiner Freundin:
„Ich habe meinen Rückzugsraum aufgelöst und komme jetzt zu dir."

Klaus B.: „Freut sie sich?"
Ludwig: „Ja, sie freut sich sehr."

Nachtrag Ludwig

In diesem letzten Kapitel möchte ich die Bedeutung einer gut funktionierenden, stabilen psychischen Grenze aus verschiedenen Blickwinkeln beleuchten. In den vorliegenden Kapiteln haben wir ganz unterschiedliche Situationen und Konstellationen kennengelernt. Obwohl während den 3D-GV immer ein Lösungsbild erarbeitet wurde, haben wir die heilende Wirkung einer behütenden Grenze bisher nicht systematisch betrachtet. In diesem Nachtrag werden wir versuchen, die Wirksamkeit einer guten Ich-Grenze genauer anzuschauen und deren Einfluss auf unser Leben ansatzweise zu ordnen.

Eine verlässliche, schützende Ich-Grenze gibt uns eine emotionale Sicherheit, die über das persönliche Wohlsein hinausgeht. Bei Kindern – dies weiß man u.a. aus der Bindungsforschung –, die schon früh Schutz- und Geborgenheit erlebt haben, wurde festgestellt, dass diese mehr Selbstwertgefühl besitzen (darauf werden wir noch zurückkommen), aufgeschlossener sind gegenüber neuen Ideen, intellektuell neugieriger, mehr Mitgefühl zeigen können und empathiefähiger sind als Kinder, die diesen Schutz nicht erfahren durften. Sie sind eher bereit, das Leiden von anderen zu lindern und sie können auch mehr positive Eigenschaften unbekannten Mitmenschen zuordnen (33). Ein sich Geborgenfühlen innerhalb der eigenen Grenze löst Zuversicht und Gelassenheit aus. Probleme werden nicht als unüberwindbar betrachtet und Entscheidungen können im Einklang mit dem eigenen Selbst und der Umwelt getroffen werden. Im psychischen Innenraum sind, wie wir bereits wissen, unsere Gefühle, Erfahrungen, Bilder, Ansichten, Aufgaben und Verantwortungen beheimatet. In dem wir uns geschützt fühlen, können diese einzelnen Elemente gedeihen, sich entwickeln, wachsen, entfalten und blühen. Wenn wir uns geschützt und geborgen fühlen, getrauen wir uns, unsere Affekte anzuschauen, wir brauchen uns nicht vor ihnen zu fürchten. Wenn wir unsere Gefühle, Bilder und Erfahrungen in Augenschein nehmen, werden wir Zeuge von einer großartigen inneren Welt, die einem Wunder gleichkommt. Wir werden Zeuge, betroffener und aktiver Gestalter unserer eigenen Innenwelt. Wir können die verschiedenen Rollen und Aufgaben authentisch und natürlich leben, indem wir uns in Sicherheit wissen. Wenn wir nicht dauernd ängstlich nach außen blicken müssen, um sicher zu sein, ob die Lage nicht bedrohlich ist, wenn wir nicht wie ein Wachhund mit gespitzten Ohren jedes Geräusch einschätzen müssen, können wir geistig rege und emotional betroffen, uns unserer Gefühls- und Erfahrungswelt widmen. Dieses wohltuende Nach-innen-gerichtet-Sein verdanken wir der schützenden Grenze.

Wie wir schon im Nachtrag des fünften Kapitels gesehen haben, gibt uns eine schützende Grenze eine Bewegungs- und Entscheidungsfreiheit. Wir können die Filterfunktion unserer intakten Grenze für unser Wohlsein anwenden. Wir können bestimmen, in welcher Dosis wir welche Gefühle, Bilder und Ansichten aufzunehmen wünschen. In der gebenden Richtung können wir großzügig sein oder auch zurückhaltend. Wir können nicht nur die Qualität, z. B. der ein- und ausgehenden Gefühle auslesen, sondern auch die Quantität bestimmen. Vom Gedankenlosen, passiv Betroffenen werden wir zum bewusst aktiv Handelnden. Wir können auch Partner, Verwandte, Freunde oder vertrauenswürdige Fremde in unsere Erfahrungswelt einladen oder zulassen. Wir können jedoch auch die Tür zur Außenwelt abschließen und für eine Weile niemandem in unsere Innenwelt Einblick gewähren. Es wird Abschnitte in unserem Leben geben, wo es angebracht ist, uns mehr um unsere Innenwelt zu kümmern und es wird Phasen geben, in denen wir es bevorzugen, uns mit unserer Aufmerksamkeit im öffentlichen Raum zu betätigen. Auch kann eine spezifische Situation dazu führen, als Handlanger Experte oder einfach als Gast in anderen psychischen Räumen zu verweilen.

Die Entscheidung, wo wir uns wann und für wie lange aufhalten möchten, treffen wir selbst. Dies alles ist nur möglich, wenn wir einen sicheren Schutz haben und wir die Tür zu unserer Gefühls- und Erfahrungswelt von innen wie auch von außen abschließen können. Durch die erworbene Bewegungsfreiheit können wir auch unsere Position in unserer eigenen Innenwelt je nach Lust und Laune ändern. Dies bedeutet, dass wir unser Ich von innen aus ganz unterschiedlichen Blickwinkeln wahrnehmen können. Wir können uns innerhalb der eigenen Gefühlswelt frei bewegen und je nach Standort eine völlig andere Seite des gleichen Gefühls erkennen. Bei der Beobachtung von innen nach innen, bei der sogenannten ‚achtsamen Introspektion', fühlen wir ein Betroffensein, ein Berührtsein und gleichzeitig oft auch ein Akzeptieren und Anerkennen des Gefühls, so wie es sich dem Moment präsentiert (7). Diese Form der achtsamen Selbstwahrnehmung gibt uns trotz eventueller Schmerzhaftigkeit eine innere Ruhe, Friedlichkeit und Gelassenheit. Wenn wir uns in unserem Innenraum aufhalten, spüren wir meistens, wann der richtige Moment gekommen ist, zu handeln. Es gibt eine Zeit für das Säen und eine Zeit für das Ernten. Im Einklang mit Gesetzen und Kräften, die größer sind als wir, merken wir, was zu tun ist.

Begeben wir uns in den Umraum und schauen von dort auf unsere Innenwelt, dann sehen wir dasselbe mit ganz anderen Augen. Diese Sicht von außen auf die eigene Gefühlswelt nennen wir auch die kognitive Selbstperzeption. Wir erkennen die Gefühle objektiv, ohne emotionale Betroffenheit. Obwohl wir wissen, dass wir in unsere eigene Innenwelt schauen, sind unsere Beobachtungen vergleichbar mit dem Blick in einen fremden psychischen Raum. Diese Metaebene ermöglicht uns, logisch und rational das eigene Innere zu analysieren (8). Wenn wir mit den neuen sachlichen Erkenntnissen zurück in unsere Innenwelt kehren, können wir gefühlsvoll überprüfen, oder anders ausgedrückt: mit unserem Bauch entscheiden, welche Maßnahmen jetzt angebracht sind.

Zum Schluss können wir unseren Raum auch aus der Gefühlswelt eines Mitmenschen betrachten (empathische Selbstwahrnehmung). Wir können uns vorstellen, wie unser Partner unsere Gefühle oder Ansichten wahrnimmt. Von der Erfahrungswelt eines Mitmenschen aus kann z.B. unsere Verlustangst völlig anders aussehen und wir bemerken z. B. erstmals, dass sie relativ klein ist.

Wir haben also die Fähigkeit, uns mit unserer Aufmerksamkeit in ganz verschiedenen Räumen aufzuhalten. Wie wir bereits angedeutet haben, ist vielleicht aus neurobiologischer Sicht, der Unterschied zwischen Imagination und Wirklichkeit gar nicht so groß. Es ist durchaus denkbar, dass uns die Freiheit, die wir haben, uns mit unserer Aufmerksamkeit zwischen den drei beschriebenen Räumen (der eigene, intrapersonelle Raum, der öffentliche oder zwischenmenschliche Raum und der intrapersonelle Raum eines Mitmenschen) bewegen zu können, das menschliche Bewusstsein geschenkt hat. Dank unserer Introspektionsfähigkeit und dem Verweilen auf der Metaebene sowie dem empathischen Wahrnehmen haben wir ein Bewusstsein. Ein Unterschied zwischen Mensch und Tier ist, dass Tiere wahrscheinlich nicht den Aufmerksamkeitsstandort wechseln können und somit kein geistiges Bewusstsein entwickeln können. (Ausnahme sind unter anderem Schimpansen und Bonobos) Es ist wahrscheinlich, dass wir im Alter von ca. zwei Jahren erstmals fähig sind, den Aufmerksamkeitsstandort eigenständig zu wechseln (6). Es würde jetzt zu weit führen, auf die Bewusstseinsforschung hier ausführlich einzugehen. Es ist zum jetzigen Zeitpunkt nicht auszuschließen, dass die neuen Erkenntnisse einen Beitrag zur Bewusstseinsforschung leisten könnten.

So sind wir beim nächsten wichtigen Aspekt einer soliden abschirmenden Grenze angekommen: bei dem Selbstbewusstsein. Interessant ist, wie wir im siebten Kapitel bereits gesehen haben, dass eine klare Grenze den Blick auf die Innenwelt vereinfacht. Erst, wenn definiert ist, welcher Bereich zu uns gehört und welcher nicht, wird ein Selbstbewusstsein erfahrbar. Nicht eher als dass die Zugehörigkeit der Gefühle, Erfahrungen und Bilder eindeutig definiert ist, können wir ein Selbstbewusstsein entwickeln. Die Sicherheit, zu wissen, dass ein Gefühl sich in unserem psychischen Innenraum befindet und uns zugeordnet werden kann, gibt uns Selbstvertrauen. Selbstvertrauen bedeutet, zu wissen, dass ein Gefühl zu uns gehört, dass es so sein darf, wie es ist, und dass es uns in dem Moment der Gefühlsempfindung helfen kann. Die Erfahrung, dass Gefühle wie ein Kompass uns auch in den schwersten Stürmen eine sichere Gehrichtung zeigen möchten, stärkt das Selbstvertrauen (9). Wenn wir soweit sind, dass wir uns unseres Ichs bewusst sind und anschließend das Selbstvertrauen gewachsen ist, werden wir merken, dass wir für uns selbst verantwortlich sind. Die Entdeckung der Selbstverantwortung ist ein wichtiger Entwicklungsschritt. Es schenkt uns eine wohltuende Reife. Diese Reife gibt uns eine weise Selbständigkeit, die sich nicht nur auf das

Eigene beschränkt, sondern uns auch zur aufrichtigen Liebe befähigt. Wenn wir unser Selbst ohne Angst vor fremden psychischen Kräften empfinden können, werden wir zur Nächstenliebe und zur Liebe zur Natur begnadigt.

Zum Schluss richten wir unsere Aufmerksamkeit noch kurz auf unsere Identität. Unsere Identität wird zu einem großen Teil durch den Inhalt unseres psychischen Raumes bestimmt. Für uns als Eigentümer dieses Raumes ändern sich die Gefühle, Bilder, Erfahrungen, Ansichten, Aufgaben und Verantwortungen ununterbrochen. Jedes Gefühl kann sich entwickeln, wachsen, entfalten und zur vollen Blüte kommen. Die totale Vernetzung der Gefühle, Bilder und Erfahrungen macht unseren psychischen Raum zu einer sich dauernd wandelnden Einheit.

Aber nicht nur unser Inneres bestimmt unsere Identität, sondern auch unsere Grenze. Die Grenze hat von außen eine Form und hat auch eine Funktion. Sowohl das Aussehen wie auch die Funktion bestimmen auf eine ganz andere Weise unsere Identität. Wie wir gesehen haben, können wir beides bewusst beeinflussen und somit auch diesen Teil unserer Identität mitgestalten. Der Inhalt unseres psychischen Raumes, die Form der Grenze und deren Funktionieren, bestimmen unsere Interaktion mit der Umwelt.

Im diesem Buch wurden zehn dreidimensionale Grenzvisualisierungen beschrieben und mit Fotografien illustriert. Dabei haben wir viele wichtige Aspekte der Sitzungen auf ganz verschiedenen Ebenen betrachten können. Anhand der dargestellten Beratungen konnten völlig unterschiedliche Bereiche der noch jungen Grenzforschung (Horizologie) vorgestellt werden. Es ist klar, dass die Grenzforschung ein großes Gebiet umfasst. Dieses Buch kann nur eine Einführung in eine ganz neue, jedoch gleichzeitig uns wohlbekannte Welt sein.

Dieses Buch ist gleichzeitig ein Plädoyer für einen achtsamen Umgang mit den Gefühlen, Erfahrungen, Bildern, Ansichten, Aufgaben und Verantwortungen jedes einzelnen Mitmenschen. Dieser Ansicht nach hat jeder Mensch Anspruch auf seine eigene Gefühls- und Erfahrungswelt, auf seine Ansichten (Meinungsfreiheit) und Bilder, seine persönlichen Aufgaben und seine Verantwortung. Dies ist nur möglich, wenn jeder Mensch ein Recht hat auf seine eigene psychische Grenze. Der Schutz des eigenen psychisch-seelischen Besitzes und die Förderung einer starken individuellen psychischen Grenze ist nicht nur ein psychotherapeutisches oder pädagogisches Ziel, sondern hat auch eine politische Dimension. Wir dürfen unsere intimsten Gefühle, unsere liebsten Erfahrungen, kraftgebenden Bilder, motivierenden Ansichten, sinngebenden Aufgaben und befriedigungsschenkende Verantwortung schützen. Wir sollten unseren Kinder ein „Schutzlehrer“ sein und wenn nötig – und dies ist bei allen kleinen Kindern der Fall – sie vor unerwünschten Grenzüberschreitungen abschirmen. Wir tragen nicht nur die Verantwortung für unsere eigene Gefühls- und Erfahrungswelt, sondern auch für die innere Welt unserer Kinder und zusätzlich für die gesellschaftlichen Normen in Bezug auf den Umgang mit dem psychisch-seelischen Eigentum jedes einzelnen Erdbewohners.

Mit der vorliegenden Arbeit haben Sie Eindrücke, Erfahrungen, Gedanken, Einsichten und Überlegungen zur Grenzforschung kennengelernt. Ein großes Gebiet liegt noch brach. Dieses noch kaum erforschte Gelände scheint uns jetzt in sein Inneres einladen zu wollen und uns seine Schätze zur Verfügung zu stellen. Ich freue mich über jeden Mitforscher, der auf diese spannende Expedition mitkommen möchte. Gerne lade ich Sie ein, miteinander unsere menschliche Grenze noch besser kennenzulernen und sie gemeinsam bewusst und achtungsvoll zu gestalten.

Literatur

1. Achterberg, J., Die heilende Kraft der Imagination. Heilung durch Gedankenkraft, Grundlagen und Methoden der neuen Medizin. Scherz Verlag, Bern, 1987.

2. Bauer, J., Prinzip Menschlichkeit. Warum wir von Natur aus kooperieren. Hoffmann und Campe Verlag, Hamburg, 2007.

3. Bauer, J., Warum ich fühle, was du fühlst. Intuitive Kommunikation und das Geheimnis der Spiegelneuronen. Hoffmann und Campe, Hamburg, 2005.

4. Bauer, J., Das Gedächtnis des Körpers. Wie Beziehungen und Lebensstile unsere Gene steuern. Eichborn, Frankfurt am Main, 2002.

5. Begley, S., Neue Gedanken, Neues Gehirn. Die Wissenschaft der Neuroplastizität beweißt, wie unser Bewusstsein das Gehirn verändert. Wilhelm Goldmann Verlag, München, 2007.

6. Bischof-Köhler, D., Über den Zusammenhang von Empathie und der Fähigkeit, sich im Spiegel zu erkennen. Schweizerische Zeitschrift für Psychologie, 47, 147–159, 1988.

7. Blaser, K., Intra- and interpersonal mindful and non-mindful mental states: Comparison of a new spatial attention concept and the IAA Mindfulness model of Shapiro, Mindulness, 4 (1), 64–70, 2013.

8. Blaser, K., Aufmerksamkeit und Begegnung. Zwischenmenschliches Aufmerksamkeitsrepertoire, Ich-Grenzen und die Kunst des Zusammenseins, Asanger Verlag, Kröning, 2012.

9. Blaser, N., Gevoelens komen blijven. Oefeningen in mindfulness, De Driehoek, Rotterdam, 2012.

10. Blaser, K., Boundary based Awareness und transgenerationale Traumaweitergabe. ZPPM Zeitschrift für Psychotraumatologie, Psychotherapiewissenschaft, Psychologische Medizin, 75–82, 2011.

11. Blaser, K., So bin ich und Du bist anders. Achtsam Grenzen setzen in der Partnerschaft. Herder Verlag, Freiburg im Breisgau, 2008.

12. De Jong, P., Berg, Insoo K., Lösungen (er-)finden. Das Werkstattbuch der lösungsorientierten Kurztherapie. Verlag modernes lernen, Dortmund, 1998.

13. Doidge N., The brain that changes itself: stories of personal triumph from the frontiers of brain science. Penguin Books, New York, 2007.

14. Fonagy, P., Gergely G., Jurist E. L., Target M., Affektregulierung, Mentalisierung und die Entwicklung des Selbst. Klett-Cotta, Stuttgart, 2004.

15. Fuchs, T., Leib – Raum – Person. Entwurf einer phänomenologischen Anthropologie. Klett-Cotta, Stuttgart, 2000.

16. Grün, A., Robben, R., Grenzen setzen – Grenzen achten. Damit Beziehungen gelingen – spirituelle Impulse. Herder Verlag, Freiburg im Breisgau, 2004.

17. Hatfield, E., Cacioppo, J. T., Rapson, R. L., Emotional Contagion. Studies in emotion and social interaction. Cambridge university press, Cambridge, 1994.

18. Husserl, E., Phänomenologie der Lebenswelt. Ausgewählte Texte II. Reclam, Stuttgart, 2002.

19. Hüther, G., Die Macht der inneren Bilder. Wie Visionen das Gehirn, den Menschen und die Welt verändern. Vandenhoeck & Ruprecht, Göttingen, 2004.

20. Kampenhout, D., Die Heilung kommt von außerhalb. Schamanismus und Familien-Stellen. Carl-Auer Systeme Verlag, Heidelberg, 2001.

21. Kandel, E.R., Psychiatrie, Psychoanalyse und die neue Biologie des Geistes. Suhrkamp Verlag, Frankfurt am Main, 2006.

22. Kimura, B., Zwischen Mensch und Mensch. Strukturen japanischer Subjektivität. Wissenschaftliche Buchgesellschaft, Darmstadt, 1995.

23. Kosslyn, S. M., Pascual-Leone, A., Felician, O., et al., The Role of Area 17 in Visual Imagery: Convergent Evidence from PET and rTMS. Science 284, 167–170, 1999.

24. Levine, P. A., Sprache ohne Worte: Wie unser Körper Trauma verarbeitet und uns in die innere Balance zurückführt. Kösel Verlag, München, 2011.

25. Levine, P. A., Trauma-Heilung. Unsere Fähigkeit traumatische Erfahrungen zu transformieren. Synthesis Verlag, Essen, 1998.

26. Merleau-Ponty, M., Phänomenologie der Wahrnehmung. Walter de Gruyter & Co, Berlin, 1966.

27. Rotschild, B., Der Körper erinnert sich. Die Psychophysiologie des Traumas und der Traumabehandlung. Synthesis, Essen, 2002.

28. Rudrauf, D., Lutz, A., Cosmelli, D., Lachaux J.-P., Van Quyen, M. le, From autopoiesis to neurophenomenology: Fransisco Varela's exploration of the biophysics of being. Biol. Res.36, 27–65, 2003.

29. Schmitz, H., Situationen und Konstellationen. Wider die Ideologie totaler Vernetzung. Verlag Karl Alber, München, 2005.

30. de Shazer S., Worte waren ursprünglich Zauber. Lösungsorientierte Therapie in Theorie und Praxis. Verlag modernes lernen, Dortmund, 1998.

31. Sloterdijk, P., Zorn und Zeit. Suhrkamp Verlag, Frankfurt am Main, 2006.

32. Soentgen, J., Die verdeckte Wirklichkeit. Einführung in die neue Phänomenologie von Hermann Schmitz. Bouvier, Bonn, 1998.

33. Spangler, G., Zimmermann, P., Die Bindungstheorie. Grundlagen, Forschung und Anwendung. Klett-Cotta, Stuttgart, 1995.

34. Sparrer, I., von Kibed, M. V., Ganz im Gegenteil. Für Querdenker und solche, die es werden wollen. Carl-Auer Systeme Verlag, Heidelberg, 2000.

35. Stoddart, A. M., Life of Paracelsus. London, 1911.

36. Storch, M., Cantieni B., Hüther, G., Tschacher, W., Embodiment. Die Wechselwirkung von Körper und Psyche verstehen und nutzen. Verlag Hans Huber, Bern, 2006.

37. Varela, F. J., Thompson, E., Rosch, E., Der mittlere Weg der Erkenntnis. Der Brückenschlag zwischen wissenschaftlicher Theorie und menschlicher Erfahrung. Goldmann Verlag, München, 1995.

38. Waldenfels, B., Das leibliche Selbst. Vorlesungen zur Phänomenologie des Leibes. Suhrkamp Verlag, Frankfurt am Main, 2000.

39. Zumstein, C., Schamanismus. Heinrich Hugendubel Verlag, Kreuzlingen/München, 2001.

Über den Autor

Klaus Blaser studierte an der Universität Leiden (Niederlande) Medizin und spezialisierte sich anschließend zum Internisten und Rheumatologen. Nach einem Sabbatjahr entschied er sich für eine neue berufliche Ausrichtung und spezialisierte sich in Basel (Schweiz) zum Psychiater und Psychotherapeuten mit den Schwerpunkten Systemtherapie, kognitive Verhaltenstherapie (im Speziellen die Steuerung der intra- und interpersonellen Aufmerksamkeit) sowie Traumatherapie.

Seit über einem Jahrzehnt beschäftigt er sich intensiv mit der mentalen Ich-Grenze, dem Selbstbewusstsein und der Selbst- und Fremdwahrnehmung.

2009 gründete er das „Centre for applied Boundary Studies" in Basel.

In mir und um mich herum ist sein drittes deutschsprachiges Buch über die mentale Ich-Grenze. Im Zeitalter der schwindenden Privatsphäre und dem zunehmenden Transparenzzwang erhält seine Arbeit eine hochbrisante Aktualität.

Nebst wissenschaftlichen Veröffentlichungen entwickelte er die „Boundary Protection Scale" (BPS-14): ein Selbstbeurteilungs-Fragebogen zur Messung der Selbstschutzfähigkeit.

Klaus Blaser hält Vorträge und bietet Seminare, Weiterbildungen und Trainings in Deutschland, der Schweiz und den Niederlanden an.

Centre for applied Boundary Studies

Möchten Sie Ihr Grenzverständnis mit Selbsterfahrung erweitern und auch eine 3D-GV leibhaftig erleben, können Sie am „Centre for applied Boundary Studie" Seminare besuchen.

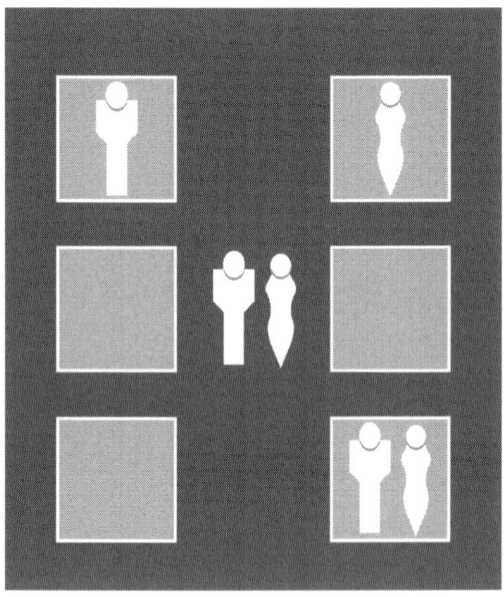

Verschiedene Aspekte der Grenzforschung werden dort ebenfalls in praxisbezogenen Weiterbildungen angeboten. Informationen über öffentlich Vorträge und Fortbildungen finden Sie ebenso auf der Webseite des Zentrums: www.horizologie.ch

Centre for applied Boundary Studies
Theodorskirchplatz 7
4058 Basel
Schweiz
+49 61 683 98 52
info@horizologie.ch
www.horizologie.ch

Self-Boundary Awareness Training

8-wöchiger Kurs zur Stärkung der Ich-Grenze am *Centre for applied Boundary Studies*

Die Wichtigkeit der persönlichen Ich-Grenze wird am *Centre for applied Boundary Studies* seit vielen Jahren intensiv erforscht. In der Psychiatrie und in der Psychotherapie – wie beispielsweise in der Traumatherapie – spielt die Unterscheidung zwischen dem Eigenem und dem Fremdem nicht nur für den Patienten sondern auch für den Therapeuten (sekundäre Traumatisierung) eine wichtige Rolle.

Beim neuen, hier vorgestellten 8-wöchigen strukturierten Ich-Grenzestärkungs-Training wird davon ausgegangen, dass jeder Mensch über einen psychischen Innenraum verfügt. Existiert eine individuelle psychische Innenwelt, gibt es auch eine Außenwelt und dazwischen eine Grenze, die die Innenwelt von der Außenwelt trennt und sie gleichzeitig mit ihr verbindet. Diese Ich-Grenze hat neben dem Schutz vor Reizen viele andere wichtige Funktionen, da die Ich-Grenze nicht nur den Austauschort zwischen dem intrapersonellen und dem extrapersonellen Raum darstellt, sondern sie bestimmt auch, was zu uns gehört und was nicht.

Die Fähigkeit, dass Menschen zwischen eigenen und fremden Gefühlen, Erfahrungen und Bildern unterscheiden können, verdanken wir dieser Ich-Grenze. Diese Unterscheidungsfähigkeit ist zurzeit beispielsweise in der Empathieforschung und auch in neuen Therapieansätzen, wie bei der mentalisierungsbasierenden Therapie (MBT) hochaktuell.

Die Ich-Grenze spielt eine wichtige Rolle bei der Dynamik von schönen und störenden zwischenmenschlichen Begegnungen und Beziehungen sowie u.a. auch beim Burnout-Syndrom. Trainingserfahrungen mit kognitiven verhaltenstherapeutischen Ansätzen, wie beispielsweise *Mindfulness based Stress Reduction* (MBSR) haben gezeigt, dass bereits ein 8-wöchiges Training zu deutlichen Lerneffekten und positiven Veränderungen führen kann. Das hier angebotene Konzept stützt sich auf dieses Wissen und deren Erfahrungen. Teilnehmer müssen bereit und motiviert sein, während acht Wochen täglich zwischen 10 bis 20 Minuten zu üben. Diese Mitarbeit ist wichtig für den Lernerfolg.

Das Grenztraining zielt darauf ab, den Teilnehmern zu ermöglichen, dass

- sie die Ich-Grenze wahrnehmen, würdigen und anderen gegenüber signalisieren können,
- sie auf sie zukommende, stärkende oder hemmende Stimuli bewusst filtern können,
- sie das Bei-sich-Sein und das Nicht-bei-sich-Sein bewusst unterscheiden können,
- sie von innen heraus mit dem eigenen Körper in Verbindung treten können,
- sie eigene Gefühle, Erfahrungen und Bilder wahrnehmen und wertschätzen können,
- sie eigene Werte und Ansichten vertreten und gleichzeitig fremde Ansichten respektieren können,
- sie diese soziale Fähigkeiten in der Familie, in der Paarbeziehung und am Arbeitsort leben dürfen.

Der Kurs eignet sich für Personen, die im zwischenmenschlichen Bereich ihre eigene Grenze zu wenig spüren und anderen gegenüber die eigene Grenze nicht ausreichend signalisieren können.

Auch für Therapeuten, Berater, Lehrer und Sozialpädagogen bietet der Kurs eine gute Gelegenheit, Grenzdynamiken besser zu verstehen und bewusst erleben und üben zu können.

Chinesisch-taoistische Präventologie

Gesundheitsvorsorge nach den Prinzipien der klassischen chinesischen Medizin

Von: Riegel, Andrea-Mercedes

Seit Bestehen der chinesischen Zivilisation sind Prävention und Gesundheitsvorsorge ein wichtiges Thema. Gesundheit, Langlebigkeit und die Pflege des Selbst waren stets ein wichtiges Anliegen nicht nur chinesischer Denker, sondern auch des einfachen Volkes. Vor allem die Taoisten lieferten hier bedeutende Beiträge.

Synergia Verlag, 256 S., kart. ***15,90 €***

Body Feng Shui - Band 1 u. 2

Loslassen, Entrümpeln und Abnehmen mit basisch-veganer Ernährung

Von: Brottrager, Irmgard

Halten Sie völlig mühelos Ihr Gewicht oder verlieren Sie überflüssige Pfunde. Die Erkenntnisse der Quantenphysik, denen zufolge der Kosmos nicht aus Materie, sondern aus Informationen besteht, sowie die engen Verflechtungen zwischen Körper, Charakter, Raum-Gestaltung und Lebensstil bilden das philosophische Fundament dieses Buches.

Synergia Verlag, 218 S., kart. ***je 15,90 €***

Heilung ist ein Raum

Über die Kunst der Psychotherapie

Von: Bourquin, Peter

Heilung ist ein Vorgang, bei dem etwas Ausgegrenztes, Abgelehntes oder nicht Gesehenes seinen angemessenen Platz in einem selbst findet und dort zur Ruhe kommt.
Dieses Buch beschreibt, wie ein Therapeut dazu beitragen kann, eine heilende Bewegung im Klienten zu ermöglichen. Es erfasst das Phänomen der Wunde im Menschen sowie ihre Heilung im psychotherapeutischen Kontext. Eine generelle Anleitung für therapeutisches Arbeiten – jenseits von konkreten Techniken und Lehrschulen.

Synergia Verlag, 159 S., m. Abb., kart. ***15,90 €***

Diese und weitere Veröffentlichungen unseres Verlags finden Sie unter:
www.synergia-verlag.de